孙云晓教育作品集

文化反哺呼唤共同成长

孙云晓 著

江苏凤凰教育出版社

序一

家庭生活教育要义

洪　明

家庭"是大自然的杰作之一",是社会的基本细胞,也是人生的第一所学校,和谐幸福的家庭生活奠定人生健康成长的根基。构建覆盖城乡家庭教育指导体系,健全家校社协同育人机制是家庭教育工作的重中之重。指导家庭教育的根本要义是发现并遵循家庭教育的基本规律,让家庭教育回归到它应有的样子。与学校和社会相比,家庭教育的根本特征是生活教育,开展家庭教育指导的着力点是引领家长构建合理的家庭生活。

孙云晓老师是改革开放以来深耕于家庭教育事业并产生重大影响的资深家庭教育研究和实践专家,其新版的《孙云晓教育作品集》可谓恰逢其时。作者以独到的眼光、睿智的思考、丰富的案例、理性的分析,对家庭教育的生活属性、家庭生活教育的基本内涵与表现形式以及家庭教育指导进行了完整的阐释,是当下开展家庭教育研究、从事家庭教育指导重要的参考。新版的《孙云晓教育作品集》中,最具代表性的是《教育的魅力在生活》,我拜读之后获得以下几点重要启示。

第一,要引导家长充分认识到,家庭教育的根本特征是生活教育。相较而言,家庭教育有两个显著特征:一是"奠基的教育"。孩子从出生到入学前所受到的教育主要来自家庭,而这一时期是孩子成长的关键期,家庭教育奠定了学校教育的基础。二是"生活的教育"。生活就是为了生存、发展和提升生命质量而开展的各种活动，主要包括物质生活、精神生活、交往的生活。家庭是过日子的"组织"，过日子是生活的俗称，过上好日子就是家庭的目标，在过日子过程中让孩子获得成长，这是家庭教育应有的样子。尽管学校也要注重教育与生活的结合，但学校教育毕竟是以课程为基础兼顾生活，而家庭教育是真正的生活的教育，是"生活所原有，生活所自营，生活所必需的教育"（陶行知语）。购物是家庭生活，家庭购物活动会对孩子的消费观产生很大影响；穿衣打扮是家庭生活，家庭穿着风格会对孩子审美产生很大影响；待人接物是家庭生活，与什么人交往以及如何交往会影响孩子的价值取向和文明礼仪；休闲娱乐是家庭生活，家庭休闲方式会对孩子闲暇教育产生很大影响；家务劳动是家庭生活，家务劳动的分配会对孩子的劳动素质和责任意识产生很大影响。过什么样的日子就受到什么样的教育，这是家庭教育最大的特点。

第二，要引导家长深刻认识到，家庭教育问题的根源在于教育与生活的背离。首先，家庭不良的生活方式影响了孩子的健康成长，背离了教育的宗旨。每个家庭都会基于对生活的理解而形成不同的生活方式，生活方式的外在表现是生活的习惯，其背后支撑是生活的理念。尽管家庭生活方式有地域性和文化性，有一致性和多样性，但我们不得不承认，有的生活方式是健康的，有的生活方式是不健康的，如有的家庭喜欢抱怨、作息不规律、晚睡晚起、贪图享乐、过度消费、喜欢攀比、好逸恶劳等，这些属于不健康的生活方式；有的家庭生活是符合道德的，有的是不符合道德的，如有的家庭爱占小便宜、举止不文明、做人不诚实，甚至不遵纪守法，这些属于不道德的生活方式，自然会对孩子的道德观念形成产生不利影响。其次，不当的教育观、成才观导致教育背离了生活，影响到孩子的健康成长。这种现象极为普遍。当下许多家长依旧坚持应试教育那套做法，把教育等同于升学，过度追求孩子的学业成功，致使家庭教育呈现出高期待、高投入和高焦虑的"三高"现象。在错误观念的引导下，许多家长打着"教育"

的旗号，对孩子的时间进行了"精心"的安排，使得孩子整日忙于各种竞争性学习活动之中，严重挤压了生活的时间，割裂的生活与教育的关系，极易使孩子产生"空心病"和"厌学症"，不仅生活没搞好，最终学习也受到影响。

第三，要真正认识到，优良的家风才是生活教育的源头活水。从根本上说，家庭生活教育就是在合理的生活中引导孩子学会做人，这就需要优良的家风作为保障。家风是父母长辈身体力行并用于约束和规范家庭成员的作风和风范，其核心是价值观。这里面要注重三个关键环节：一是家长要在中华优秀传统家风的基础上，以社会主义核心价值观为指导，构建形成适合新时代需要的优良家风。二是传承家风的关键在于家长的身体力行和严格要求，应该用行动来践行价值观而不是光说不做。三是传承家风的根本是将家风融入到日常生活之中，要让价值观像空气一样无所不在。2014年2月24日，中共中央政治局就培育和弘扬社会主义核心价值观、弘扬中华传统美德进行第十三次集体学习，习近平总书记在讲话中指出："要注意把我们所提倡的与人们日常生活紧密联系起来，在落细、落小、落实上下功夫。"比如，和谐是传统文化核心理念之一，又是当今社会主义核心价值观的重要组成部分，讲和谐并不是要掩盖矛盾，而是要用"和"的方法正确对待矛盾与分歧，就是要在具体生活中能够换位思考、理性表达、善意沟通、平等交流，并把这种思想传递给孩子。再比如，家长应该明白每个人应该有自由，应该追求自由，但自由的内核是基于规律和规范，并不妨碍他人，是真理无禁区、思维讲理性、行动有方向的统一，对孩子既严格要求，又行有依归。

第四，要引导家长能够真正掌握以儿童生命成长逻辑设计美好教育生活的基本规律。许多人能够认识到以生活为本的重要性，但如何让教育回归到美好生活是一个难题。笔者认为，家庭生活教育设计的基本规律是坚持一个中心和两个原则。一个中心是指以儿童生命成长为中心；两个原则是坚持"有意思"的原则与"有意义"的原则，并保持二者相统一。一方面，家庭生活教育中的生活是儿童的生活，不是成人的，不能用成人的生活或者成人自认为正确的生活简单代替或等同于儿童的生活。这正如陶行知所说："要是儿童的生活才是儿童的教育，要从成人的残酷里把儿童解放出来。"一方面，以儿童生命成长为中心的儿童生活应满足儿童需要，符合儿童认知与情感规律，并随着儿童发展的不同阶段而有所变化。儿童早期阶段的生活主要是在父母的养育下的体验行为之中，3岁以后主要体现在父母陪伴之下的各种游戏和探索行为之中，6岁以后主要体现在父母和老师引导下的学习、实践和交往活动之中，12岁以后主要体现在成人参与下的各种主体性活动之中。另一方面，儿童生活设计要符合"有意思"和"有意义"相统一的原则，也就是说，儿童的生活既要让孩子喜欢，又要符合教育目标。要做到这些，首先就要注重生活的多样性。生命的样态决定生活的样态，生命是多姿多彩的，生活也本应该是多姿多彩的，单调枯燥的生活是教育的大敌。其次要处理好他主与自主的关系。要坚持先他主再自主，他主时尊重儿童真实意愿，自主时家长要起到参谋和把关作用。最后要处理好学与玩的关系。一般来说，学龄前的儿童玩就是学，学在玩中；到了小学低年级，学与玩要并重；到了小学高年级以后，应该以学为主，会学会玩。

家庭是生活的"组织"，生活是家庭教育的载体，读懂生活就读懂了家庭教育，学会构建合理而美好的生活，就找到了家庭教育的密码。真正的家庭教育就是要基于对美好生活的向往，学会生活、反思生活、重构生活，如此往复，从而营造完满的人生，成为生活的主人。这是新版的《孙云晓教育作品集》传递给我们的教育信息。

是为序。

洪明，中国青少年研究中心研究员、中国青少年研究会副秘书长

序二

一位跨世纪新教育的忠实守望者

陆士桢

在世纪之交中国教育观念和思想的改革进程中，孙云晓无疑是一位领军人物。从20世纪90年代推动的"夏令营中的较量"大讨论，到21世纪初关于培养孩子习惯养成的奔走呼喊，从"分数是学生隐私"的评判，到"家长应该称父母"的提议，孙云晓关于当代教育的话题常常引起社会强烈的反响，也震撼着众多父母和教育者的心灵。

孙云晓以一名作家的敏锐，加之青少年理论工作者的深邃，更有对青少年那种理性的、透彻的爱，在对当代青少年生存、学习、发展环境及状况深入观察思考的基础上，提出了一系列关于青少年权利价值及当代教育思想观念的精辟观点，尖锐、强烈地批判了现存教育在观念、体制、方法等方面与时代发展相背离的误区与弊病。孙云晓的一系列教育作品，是他对当代教育，特别是家庭教育的真诚、系统的建议，也是他教育思想的理论总结和阐述。

阅读孙云晓的教育作品，我们可以深切地感受到作者对青少年儿童的信任和关爱，感受到他对当代教育深深的忧虑和反思，更能领悟其理论上的深刻及其独有的思想魅力。

首先，孙云晓的教育思想具有深刻的批判性。批判是创新的基础和前提，也是一切有价值的思想理论的共同特征，是一种理论的力量所在。孙云晓关于中日孩子夏令营的思考和呐喊,给了国人以"孩子的教育与综合国力"间重要关联的警醒和深思;孙云晓关于孩子与父母之间位置、关系,乃至称呼等全方位的、多次反复的思考,让更多的国人更急迫地从儿童权利的视角去审视亲子关系,去反思在教育过程中自身的态度和方式;孙云晓率中国青少年研究中心研究人员进行的关于中国少年儿童学习压力、身心健康、同伴关系等生存状态的多项调查,提醒国人重视孩子现实生活中的实际状况,并从儿童健康发展的基础条件角度,进一步认识目前教育中存在的问题。特别值得一提的是,他提出了"德育为什么成了一壶烧不开的水"等关键问题以及"良好习惯是健康人格之基"等重要观念。作为一项研究成果,问题的提出、研究的设计、结果的分析、对策的建议,都立足于对现实儿童成长问题,对教育,特别是家庭和社会教育中误区的质疑、反思、批评,都渗透和体现了一种强烈的现实批判精神。

改革开放以来,对教育的反思是社会整体改革发展的重要组成部分,也是全社会共同关心的重大社会问题之一。反思与批判视角不一,多种多样。在众多的批判声中,孙云晓的批判不仅尖锐犀利,而且紧紧抓住了当下教育的根本弊病,即对少年儿童自身的忽略。自古以来,教育就是人类繁衍、传承知识技能的社会性行为,教育以社会为本,强调为社会培养需要的人才,这正是传统社会中教育社会功能的一种定位。

正是这样一种过分强调,往往忽略甚至扭曲受教育者的个体人格,以至于酿成中国教育的种种悲剧。孙云晓对传统教育的批判涉及方方面面,但其核心紧紧抓住了这一根本问题,这也就使其批判在理性、价值、系统等诸多方面具备了理论批判在内涵上的生命力和力量。

其次,孙云晓的教育思想核心价值明确,凸显了受教育者的主体地位和儿童权利观念[1]。近年来,孙云晓经常发表一些有关教育批判或教育问题

---

[1]《儿童权利公约》中的儿童与《中华人民共和国未成年人保护法》中的未成年人一样,都是指18岁以下的任何人。

的文章等，有的甚至震动社会；他还提出了不少积极的教育建议，有的十分生动具体。我们在《孙云晓教育作品集》中可以看到丰富多彩的内容。

平常在我们眼里司空见惯的教育现象，孙云晓却有了新的发现，关键是他有一种不同于传统教育者的视角——儿童视角。他善于从儿童自身出发，去观察并思考教育，去认识教育过程中的各种关系。这就使他有了不同于他人的视野，也使得他的教育论述具有了面向未来的超前性和创新性。社会的发展和变迁直接影响了教育的功能、使命、目标，也影响了教育过程中教育者与被教育者之间的根本关系。现代社会以人为本，强调人在社会发展中的主动性和自由充分发展的功能，教育的目标逐渐定位于促进个体的持续性发展，在教育的过程中，人不再是被动的被塑造者，而是具有发展潜能的、独特的、自主的主动者。

在社会发展中，儿童往往会比成人更快、更直接地接纳新的观念和价值，也会因此与成人社会发生越来越多的冲突。孙云晓研究中的儿童视角，不仅表现在他对当代儿童生存状态的多重描述上，也表现在他研究整体的一种超前与创新上。

从一定意义上说，在当代儿童社会教育的研究领域里，孙云晓很多时候充当的是一种儿童代言人的角色。这种代言，绝非简单地为儿童说话，而是代表儿童发展本质需求的代言，是面向未来的代言。创新是一种精神，也是一种理论品质。教育理论的创新不在于提出什么新的、未曾使用过的方法，甚至是别人没有说过的观点、意见；教育理论的创新，最主要的是基本价值和核心理念，是体现于外在形式上的一种内在精神。孙云晓的教育理论，闪光之处恰在于此。

此外，孙云晓的教育理论体现了现代理论研究的特色，重视实践指导性。从书斋走向实践，从空泛的理论阐述走向具体的实证研究，是现代理论研究的发展趋势。在越来越多的领域里，一种理论的价值不仅取决于其核心观点、学术体系、理论的严谨性等传统元素，更多的还取决于其对实践的指导意义和具体的实践功能，研究过程也由重视理论的逻辑推断，转化为重视实证的、个体性的描述和研究。

《孙云晓教育作品集》中的众多论证，既体现了理论研究的科学严谨，也突出了对现实教育，特别是社会教育、家庭教育的指导作用，较好地体现了现代社会研究的发展趋势。阅读孙云晓的一系列教育作品，我们会发现，他在提出问题引起父母和教育者的警觉、分析原因、讲清道理之后，总会认真详细地作出对策性建议。

读孙云晓的书，可以深切地感受到：他所提出的问题大都是我们家庭、学校、孩子父母身边的，甚至是我们每日每时都会遇到的；他所作的分析，也都是我们熟悉的，贴近我们所思所想的；他给予的指导，是我们能够做到的，是生动具体的。

读孙云晓的书，总能够使我们在获得思想启迪的同时，更获得一些具体生动的教育建议、教育行为指导。这在今天各种教育思想流派流行共存，各类家教指导人物、书籍众多，"专家""大师"泛滥的情况下，具有特别重要的意义。教育是科学，在社会变迁、整体价值多元的情况下，教育的指导更需要科学和理性。而只有建立在相关研究基础上的具体、实际的家教建议，才是真正有指导意义的、有效能的好建议。

孙云晓是一个儿童工作者，他牢固树立了一个儿童工作者的职业伦理——热爱儿童、尊重儿童、以儿童为本，这样的伦理深入到他的研究和写作之中，就使得他的研究在整体上恪守了很多人很难获得的一种基本价值体系，并以此构建了自己的教育思想，准确地说，是社会教育的研究体系和理论框架。

孙云晓是一个青少年理论研究人员，他坚持理论研究的科学性和严谨性。多年来，他主持了多项关于少年儿童的课题，团结了一大批教育学、心理学、社会学、法学、传播学等专业学科的专家学者，发表了一系列有关少年儿童生存发展的研究成果，这就使得他的教育方面的书籍和文章具备了一种科学的底蕴，有了在研究基础上的学术底气，并以此确立了他在少年儿童研究领域里的独有地位。

孙云晓以一名作家的细腻和敏锐，以一个文人的独立思维，去观察儿童的生活，去观察教育过程中的种种现象，去思考相关的问题。曾经的记者生涯给了他笔耕的勤勉，给了他责任赋予的力量，也给了他在细微之处思索社会大问题的习惯，这就使得他的书籍和文章在科学理性的基础上还颇具文学性，哪怕是一项研究成果的发布，也更多地具有了人文气息，具有读者易于认识与理解的特点。

正是凭借这样的多重身份，孙云晓在教育研究领域拥有了属于自己的特点；也正是这些特点，成就了他的多彩与成功。

以上是我从儿童社会工作，从青少年研究，从教育变革角度，对孙云晓多年来的努力所作的思考，是为序。

陆士桢，著名青少年教育专家、中国青年政治学院教授

序三

孙云晓：童年的捍卫者

卜 卫

认识孙云晓对我来说是一件非常快乐的事。就在写序的头天晚上，我们在儿童剧场一起观看了第一部由儿童与成人一起主演的儿童剧《弹珠巫婆魔法国》，我们都对剧中出现的"巨婴"形象非常感兴趣。哭着的"巨婴"几乎占据了大半个舞台，他一出现，便引起小孩子们的惊呼，而那个魔法无边却总是烦小孩子的巫婆奶奶倒比他小好多好多。孙云晓说，这让他想起了陶行知的一句诗："你若小看小孩子，便比小孩还要小。"

当时，我几乎与他同时脱口而出。我们都很喜欢这首《小孩不小歌》，全文是：

人人都说小孩小，
谁知人小心不小。
你若小看小孩子，
便比小孩还要小。

认识孙云晓的快乐就来自这种寻找儿童世界的共同感觉。从1988年相识，到1991年开始合作进行儿童研究，至今30多年了，我们一直试图研究如何从儿童的视角来理解这个世界以及这个世界对儿童成长的影响。

我不能忘记孙云晓的报告文学作品《"邪门大队长"冤屈》。因为在成长过程中，几乎每个孩子都有被冤枉的历史，几乎每个孩子都有想说而难以说出口或不敢说出口的话，几乎每个孩子都渴望得到大人的理解和尊重。回顾我们刚刚成长为大孩子，还没有学会尊重小孩子时，我们往往对比我们小的孩子不屑一顾；但当我们再长大些，我们就逐渐知道了：人，无论大小，都应该受到尊重。我们的社会化不仅应该包括学习与各种文化层次不同、社会背景不同的人沟通，也应该包括学习与各种年龄的人沟通。因为这个世界上不仅有大人，还有儿童。真正成熟的人应该是尊重儿童并有能力与儿童沟通的人。

儿童需要教育，但如何教育儿童，是一个非常值得讨论的问题。在这里，我想分享陶行知的《教师歌》：

> 来！来！来！来到小孩子的队伍里，发现你的小孩。
> 你不能教导小孩，除非是发现了你的小孩。
> 来！来！来！来到小孩子的队伍里，了解你的小孩。
> 你不能教导小孩，除非是了解了你的小孩。
> 来！来！来！来到小孩子的队伍里，解放你的小孩。
> 你不能教导小孩，除非是解放了你的小孩。
> 来！来！来！来到小孩子的队伍里，信仰你的小孩。
> 你不能教导小孩，除非是信仰了你的小孩。
> 来！来！来！来到小孩子的队伍里，变成一个小孩。
> 你不能教导小孩，除非是变成了一个小孩。

孙云晓任主编多年的《少年儿童研究》杂志的封面上，曾经有一行醒目的标语："教育孩子的前提是了解孩子。"

多年过去，今天，当我问孙云晓，什么是他最重要的教育观点时，他说是"发现孩子""解放孩子""发展孩子"。从他发表的各种著作中，不难看出，陶行知的尊重和平等的思想深深地影响了他。

与其他儿童研究者不同，孙云晓是从数万封儿童与青少年的来信开始进入儿童教育研究领域的。我清楚地记得，20世纪90年代初期，在他简陋的办公室里，有一张堆满书籍和杂物的单人床，床下有成箱的儿童和青少年来信。他曾对我说："我对教育的看法主要不是来自理论，我真说不出那些流派，我的看法主要来自生活，来自对中国儿童命运的思考。"1990年少年儿童报告文学集《16岁的思索》（该作品集荣获全国优秀儿童文学奖）出版以后，他收到了2500多封少男少女的来信，并对其中1500多封信作了回复。无论讨论什么话题，或分析什么现象，发现和理解儿童的世界永远是孙云晓研究问题的起点。

教育从发现和理解儿童开始，这对许多大人来说，并不是一件容易的事情。因为多数大人想当然地认为，儿童有什么好理解的，有什么可发现的，他们那点儿事一目了然；也因为大人总认为自己比儿童"高明"。可即使在我们能够发现和理解儿童以后，我们将对儿童进行什么样的"教育"也是个需要严肃讨论的问题。这个问题的背后其实是儿童观问题，即童年生活的价值是什么。是为成长为现在标准的成人（或成人理想中的成人）作准备，还是应当享受童年生活，日后成长为儿童自己愿意成为的那种人？历史上已有很多教育学家探索过这一问题。

卢梭认为，儿童期是个体生命发展的重要时期，其重要意义不仅仅是成人生活的预备，儿童应该享受大自然赋予的童年生活。只有经过这样的阶段，儿童身心的健康发展才有可能。儿童的现在和将来是一个连续发展的过程，教育不应为儿童的未来牺牲儿童的现在，而使他们受到各种各样的束缚，教育应该重视儿童的现在。

美国教育家杜威同卢梭一样，主张儿童的心理需求要从儿童现在的角度来考虑，而不是从儿童未来的角度来考虑。杜威也充分肯定了童年生活的价值，他指出："生活就是生长，所以一个人在一个阶段的生活，和在另一个阶段的生活,是同样真实、积极的,这两个阶段的生活,内容同样丰富,地位同样重要。因此,教育就是不问年龄大小,提供保证生长或充分生活的条件的事业",教育者要"尊重未成熟状态"。①

对教育的这种反省和批判,同样也出现在意大利著名教育家蒙台梭利的论著中。她在《儿童教育》一书中指出:"像所有别的人一样,儿童有着他自己的人格。他自身具有创造精神的美和尊严。"现代教育的错误在于"经常注意的是儿童的明天,他将来的生活。现在从来没有被严肃地考虑过。所谓现在,我的意思是儿童为了要能按照儿童期的心理需要充分地生活,他要求些什么……"②

在对教育目的的探讨中,美国现代教育家克伯屈提出,在现代,我们应该提倡一种新的教育理论。这种理论把出生后的儿童看作有行为、有感觉的人,而且借助于尊重和利用儿童现在的状况,帮助儿童把目前的生活变成更有效、更高质的生活。"这种强调儿童的现在并不否定适当重视儿童的将来。""我们希望这种对更广大、更遥远前景的重视是从内部发展起来的,即逐渐发展起来的,而不是如陈旧教育的通常办法,是从外部强加于儿童的。"③

如果承认儿童是完全的独立的个体,那么,教育的目的也需要相应改变。以往教育的目的是为了更好地延续种族或为了更好地完成成人社会赋予儿童的使命,但是现代教育就要考虑儿童如何能更好地发展自己的天赋能力,以获得个人完善、幸福,进而促进人类社会的进步。1996 年,联合国教科文组织的国际 21 世纪教育委员会发布了题为《教育——财富蕴藏其中》的报告,报告从理论上针对"学会生存"这一主题进行了阐述。报告指出:"教育新概念应该使每一个人都能发现、发挥和加强自己的创造潜力。"④ 教育

---

① 杜威.民主主义与教育[M].北京:人民教育出版社,1980:29-33.
② 蒙台梭利.儿童教育[M].北京:人民教育出版社,1980:90-91.
③ 克伯屈.学习的现代理论[M].北京:人民教育出版社,1980:54-55.
④ 联合国教科文组织.教育——财富蕴藏其中[M].联合国教科文组织总部中文科,译.北京:教育科学出版社,1996:76.

不仅是一种手段（如达到技能、经济目的等），也是获得幸福的目的本身，其基础是乐于理解、认识和发现。教育对个人的作用不仅表现在扩大自己的潜力方面，还应该表现在获得对外界的选择和判断能力方面。在这方面，报告指出："教育的首要作用是使人类有能力掌握自身的发展。教育应当促进每个人的全面发展，即身心、智力、敏感性、审美意识、个人责任感、精神价值等方面的发展。应该使每个人尤其借助于青年时代所受的教育，能够形成一种独立自主的、富有批判精神的思想意识，以及培养自己的判断能力，以便由他自己确定在人生的各种不同的情况下他认为应该做的事情。"在21世纪，"教育的基本作用，似乎比任何时候都更在于保证人人享有他们为充分发挥自己的才能和尽可能牢牢掌握自己的命运而需要的思想、判断、感情和想象方面的自由。"①

总之，学会生存要求更充分地发展自己的人格，并能以不断增强的自主性、判断力和个人责任感来行动。正如这份报告所指出的："未来的学校必须把教育的对象变成自己教育自己的主体"，而"受教育的人必须成为教育他自己的人"。孙云晓正是在这个意义上挑战传统的教育观，挑战"应试教育"，因为原有的教育观点和教育方法没有"尊重儿童的生命状态"，也没有尊重儿童的个性。在他看来，发现和理解儿童不是为了更有效地用成人既定或僵化的标准来教育儿童，而是为了更好地"尊重儿童的生命状态"。他针对父母们的各种不尊重儿童发展需求和个性的"强为"现象，倡导"父母无为乃大为"，提出"教育的核心不是传授知识，而是培养儿童的健康人格"。

我曾参加央视《实话实说》中的一个关于动画片的节目，当主持人问孩子们为什么喜欢看动画片时，许多孩子一齐拉长声说"受——教——育"。孙云晓曾将这类现象概括为"集体失语"。孩子们按照统一的成人的标准

---

① 联合国教科文组织.教育——财富蕴藏其中[M].联合国教科文组织总部中文科，译.北京：教育科学出版社，1996：85.

塑造着自己，结果失去了自己。教育应该使每个人发现自己，发展自己的潜能，并对自己影响、控制环境的能力感到越来越自信，而不是相反。教育不是机器，儿童也不是批量生产的产品。

多年来，孙云晓挑战了无数在大家看来非常正常的教育方法，提出了许多与其相反的教育观点，诸如："向孩子学习""教育孩子的前提是了解孩子""没有信任就没有教育""'听话'儿童可能是问题儿童""教子应有平常心""为确保小学生10小时睡眠而奋斗""让孩子对自己的过失负责""给孩子自由支配的时间，人的幸福离不开自由的选择""世上没有坏孩子""考试分数应当成为学生的隐私""没有秘密的孩子长不大""让每个孩子都体验成功""儿童教育从体育开始""孩子没有朋友比考试不及格更严重""好的关系胜过许多教育""没有尊重的爱是一种伤害""父母要做童年的捍卫者""要像保护眼睛一样保护孩子的创造精神""让孩子成为他自己""打开孩子身上的枷锁""教育就是唤醒孩子心中沉睡的巨人""让每个孩子都有梦想"，等等。以上罗列的只是其中一小部分。这些观点，并不是煽情的口号，孙云晓用事实论证了这些新的观点比传统观念更有益于儿童的幸福生活和健康发展，并针对每一个观点，为教师和儿童父母提供了如何具体实行的建议。

现在看来，这些观点已为大多数人所接受，但有些观点在刚提出时遇到了甚为激烈的质疑和反对，例如"考试分数应该成为学生的隐私"等。这也就是为什么我要把孙云晓的做法称作挑战的原因。1997年，我在孙云晓主编的杂志《少年儿童研究》上发表了题为《儿童的权利》的文章，尽管当时中国政府已经签署了联合国《儿童权利公约》达七年之久，但此文还是遭到了"儿童如果有这么多权利，我们还怎么教育儿童"的质疑，并导致某个地区集体退订《少年儿童研究》。当我向孙云晓表示歉意时，他说："这是正常的，这也正是我们工作的价值和意义。"

在我的心目中，孙云晓的形象就是儿童的发现者的形象，也是一个挑战者的形象，一个为了儿童利益而随时准备出发的挑战者。谁都不能保证孙云晓的每一个观点都是正确的，但至少，他的发现和挑战使人们重新思考以往许多看似自然合理但可能束缚儿童发展的观念，由他的这些挑战引发的广泛的社会讨论，产生了许多新的有关儿童教育的观点。《夏令营中的较量》所引发的全国范围内的素质教育大讨论就是一个明证。他的发现和理解儿童的能力，使他始终保持了对儿童问题的高度敏感性，而他与儿童共悲欢的性格则使他似乎命中注定要成为这样一个挑战者。我们的社会实在需要更多像孙云晓这样的发现者和挑战者。

孙云晓是一个研究儿童问题的专家，但他永远真诚地面对自己的长处和短处，既不在他不懂的方面自命为专家，也不盲从专家。他会从他所观察到的有关儿童的社会事实中鉴别专家的看法，尽量用科学的思维方式来思考。他以一颗赤子之心尊重科学和有经验、有思想的研究者，并始终对科学研究怀有敬畏之情。

《孙云晓教育作品集》从发现儿童的视角出发，记录了孙云晓自20世纪80年代以来挑战传统教育的过程，对所有关心儿童教育的人来说，这套书都值得一读。

卜卫，中国社会科学院新闻与传播研究所教授、博士生导师、媒介传播与青少年发展研究中心主任

前言

养成阅读习惯 50 多年了，我每读到一本书，脑海中都会跳出这样几个问题：作者是什么样的人？他为什么写这本书？他会怎样写这本书？如今，这一套新版《孙云晓教育作品集》出版了，或许读者朋友也会有一些类似的问题，作为作者，我愿意如实回答读者朋友的疑问。

我在青岛一个工人家庭长大，11 岁（1966 年）养成阅读的习惯，并开始顽强而持久的文学梦。1973 年，17 岁的我走上教师岗位，担任青岛市某区的少先队总辅导员，1978 年被推荐进入中央团校学习。没想到，结业后我被团中央调入《中国少年报》社做编辑和记者，9 年采写儿童的实践让我产生了研究儿童的强烈愿望。于是，1987 年，我主动调入中国青年政治学院青少年研究所，1991 年转入中国青少年研究中心，专职做少年儿童研究 28 年，主持了"习惯养成""中美日韩中小学生比较"等许多研究课题。2015 年退休至今，先后在中国教育学会家庭教育专业委员会、中国家庭教育学会、教育部家庭教育指导专业委员会等机构任职，专门做家庭教育研究。到 2023 年 1 月，我做儿童教育整整 50 年。

在做儿童教育的后 30 多年，我越来越关注家庭教育。《孙云晓教育作品集》收入的 5 本著作正是聚焦于我特别关注的五大问题。

第一本是《教育的魅力在生活》。家庭教育究竟是什么样的教育？或者说，什么样的家庭教育最有利于孩子的成长？2016年12月，中国教育三十人论坛邀请我做讲演，我发表了《新家庭教育宣言》，并在《中国教育报》刊出。我的一个核心观点是家校合作的方向不是把家庭变为学校，而是要让家庭更像家庭，因为家庭教育的本质属性是生活教育，越有魅力的家庭生活越有利于孩子的发展。2016年，首都师范大学聘请我担任该校家庭教育研究中心特聘教授，随后担任两届家庭教育方向硕士研究生的导师，我带领研究生宿金金、梁丹及往届研究生卢宇等人，专门进行了家庭生活教育方面的研究，并发表了系列成果，本书也选用了当时的部分研究成果。2021年10月23日，第十三届全国人大常委会第三十一次会议通过了《中华人民共和国家庭教育促进法》，将"道德品质、身体素质、生活技能、文化修养、行为习惯"确定为家庭教育的核心内容，这是对家庭生活教育的完整概括，也改变了长期以来家庭教育沦为学校教育附庸的扭曲地位。经过几年的用心积累，我撰写了《教育的魅力在生活》一书。特别感谢著名家庭教育研究者洪明博士认真阅读本书并作序，从"家庭生活教育要义"的高度深刻论述了生活教育的核心内容及相互关系，可谓高屋建瓴、言简意赅。然而，时至今日，家庭生活教育依然被严重忽视，相信《教育的魅力在生活》一书自有其特殊价值。

第二本是《孩子需要理性爱》。2021年11月3日，《人民政协报》第9版"教育在线周刊"发表我的长篇文章，题为《新时代，如何做强大的父母》，引起强烈的反响。我为什么提出这样一个问题，因为今天的青少年儿童被称为强国一代，没有强大的父母，怎么可能有强大的一代？父母们不应该总是被指责、被训斥，而是需要得到更多尊重、支持和帮助。我提出："只要做到陪伴、榜样、发现、尊重、支持、成长，就是好父母，就是强大的父母。"多年前，我与研究团队曾经总结出一个规律性的发现：父母能否教育好孩子不是取决于学历、收入和社会地位，而是取决于教育素养，即教育理念、教育方法和教育能力三个要素。经过沉淀和思考，我发现所谓强大的父母是理性的父母，因为孩子成长最需要理性的爱。《孩子需要理性爱》一书，是我对新时代父母教育素养的最新思考与核心建议。

第三本是《良好习惯缔造健康人格》。在中国青少年研究中心工作多年，我养成一个习惯，即习惯于以研究为基础来讨论问题，本书正是基于本人连续十年主持教育部关于儿童习惯与人格关系研究的国家课题而写成。如美国著名的人格心理学家奥尔波特所说，人格是决定人的独特的行为与思想的个人内部的身心系统的动力组织。需要、动机、兴趣、理想、价值观和世界观等人格倾向性，影响着能力、气质和性格等人格心理特征。我们在北京十一所小学开展的为期一年的实验研究表明，良好习惯的养成有助于健康人格的发展。习惯的养成一般要经过暗示、惯常行为和奖赏三个环节，其中奖赏包括内心满足和成功体验，决定了惯常行为能否养成习惯。我们的研究发现，习惯是由被动到主动再到自动的过程，而习惯养成需要经过六个步骤，即激发动机、明确规范、榜样教育、持久训练、及时评估、形成环境。当然，好习惯的养成是人的解放而不是枷锁，所以，习惯的养成需要尊重儿童的主人地位和权利。《良好习惯缔造健康人格》一书有两个特色：一是突出了习惯养成与人格培养的关系，二是从多角度提供了习惯养成的策略与方法。

第四本是《文化反哺呼唤共同成长》。本书原名《向孩子学习：一种睿智的教育视角》，也是基于本人主持的中国青少年研究中心相关课题，并感谢康丽颖教授和受访专家及课题组其他成员的贡献。当代的父母与教师经常会发现，信息时代动摇了成年人的权威地位，青少年儿童身上有许多新品质与新能力影响着成年人的生活，而这就是文化反哺或后喻文化的鲜明特征。《中华人民共和国家庭教育促进法》倡导的9种家庭教育方法之一，即"相互促进，父母与子女共同成长"，可以视为《文化反哺呼唤共同成长》的主题。显然，父母依然是孩子的教育者，甚至是家庭教育的主体责任人，但如果能够敏锐地发现孩子的优点并真诚地向孩子学习，将会获得更为亲密的亲子关系，取得良好的教育效果。师生关系同样如此。

《文化反哺呼唤共同成长》有三个特色：一是转变观察儿童的观念与视角，二是倾听孩子心灵深处的声音，三是提供许多与孩子共同成长的方法。

第五本是《梦想是成长的发动机》。本书是我第一次与大家分享的"私房菜"。我从15岁（1970年）开始坚持写日记，至今已经有50多年了。本书将50多年的若干日记浓缩为250余篇，并伴以多篇回忆和分析的文章，让读者朋友看到本人真实的成长轨迹。人生看似杂乱无章，甚至充满了意外，实际上是有规律可寻的。在《孩子需要理性爱》一书中，我引用飞向太空的宇航员刘洋2022年6月给孩子的信，她的感悟很深切："人生一定要有梦想，那是你生命中的光。心中有梦想，生命中就有光，即使身处困境，即使身处黑暗，也总能看到方向。那束光，将引导你走出泥淖，走向万丈光芒。"我年近七旬，回首往事时，最惊讶的是少年时代养成的阅读、写作和讲演三个习惯改变了我的命运，而最重要、最强大的内驱力就是文学梦和教育梦。所以，我以《梦想是成长的发动机》命名本书。北京师范大学心理学家陈会昌教授率其团队坚持24年跟踪200多名孩子的成长经历，最终发现是主动性、自控力和情绪稳定性起了关键作用，而这"三颗种子"是健康人格的核心要素。我用半个多世纪的成长体验证明，主动性就像引擎一样，需要人生理想或梦想的熊熊燃烧提供巨大的动力。从某个角度来说，《梦想是成长的发动机》以个案的方式，印证了《良好习惯缔造健康人格》一书的结论，证明良好习惯成就幸福人生。父母们如果能够引导孩子养成三到五个重要的好习惯，就是最好的教育，最理性的爱，自然也是给予孩子终身受益的珍贵礼物。

前面说这是新版的《孙云晓教育作品集》，莫非还有旧版？是的，早在2007年，江苏教育出版社曾经出版了一套《孙云晓教育作品集》，其中包括《教育的核心是培养健康人格》《教育就是培养好习惯》《捍卫童年》《教育从尊重开始》《与孩子一起成长》《唤醒孩子心中沉睡的巨人》等。当时，我在前言里写下"作者的话"："我叹服江苏教育出版社的非凡胆识，是他们说服了我，并付出艰辛劳动，才使我的第一套教育作品集问世。"

这是我从事儿童教育34年的一个总结，尤其是代表了我专职做少年儿童研究20年的主要收获。我还特别写道："当一种思想或理论提出的时候，最好的结果不是被赞颂而是被讨论或争鸣。这就需要立论者回应，并适当修改自己的思想或理论，从而给社会留下真正的财富。从这个角度看，任何人的作品集都应当尽可能在头脑清醒时出版。"

转眼16年过去了，在头脑非常清醒的状态下，我完成了新版的《孙云晓教育作品集》，虽然目前只有5本，却是经过长期积淀后的新思想、新总结，尤其是对于家庭教育规律与特点的新认识和新观点，也是对广大读者与同行朋友反馈的用心回应，自认为新版质量远胜于旧版。

2022年是《中华人民共和国家庭教育促进法》实施元年，这是一个伟大事业的新起点，自然有太多的问题需要探索。我殷切希望新版的《孙云晓教育作品集》能够给予父母与教师朋友切实的帮助，并有益于学校、家庭、社会协同育人的和谐发展。

孙云晓
2024年1月于北京云根斋

目 录

序一 家庭生活教育要义（洪明）/ 001
序二 一位跨世纪新教育的忠实守望者（陆士桢）/ 005
序三 孙云晓：童年的捍卫者（卜卫）/ 011
前言 / 001

第一章
需要重新认识的新一代

作为父母和教师，您是否真正了解今天的孩子？当代青少年是问题孩子还是大有希望的孩子？不同的认识决定着不同的关系与教育，而教育与成长的方向自然也大不相同。

第一节　21世纪是两代人相互学习、共同成长的世纪 / 003
第二节　从"鸟巢一代"到"平视世界的一代" / 029
第三节　一个"90后"阳光少年的启示 / 037

第二章
在代际冲突中倾听孩子们的呐喊

当孩子们进入青春期,尤其是上中学之后,他们有一种突然长大了的强烈感觉,而与此同时,他们也发现了父母和老师的缺点。心理学的研究发现,10 岁前是孩子对父母崇拜的年龄段,而 10 岁至 20 岁则是孩子轻视父母的年龄段。追求完美与现实不理想的矛盾,激发了中学生们渴望改变的强烈愿望,代际冲突也逐渐变得尖锐起来。

第一节　青春期教育最重要的原则是理解和尊重 / 051

第二节　文化层次的差异导致陌生感 / 055

第三节　孩子们要走自己的路 / 060

第四节　成人的伪装使孩子感到厌恶 / 067

第三章
爱与被爱为何变成了无休止的"战争"

中学生渴望得到爱,更渴望得到理解、信任和尊重。

第一节　溺爱软化了飞翔的翅膀 / 077

第二节　没有尊重的爱是一种伤害 / 083

第三节　封建专制会使青春的心流血 / 089

第四章
孩子最需要"有温暖的家"

社会的大变革触发了家庭内部潜在的矛盾,父母争吵乃至离异的动荡,给中学生带来巨大的心理压力,他们被迫作出痛苦的抉择。

第一节　父母离异冲击着孩子的心灵 / 099

第二节　不幸是一所特殊的学校 / 105

第三节　简单的思维无法认清复杂的世界 / 112

第五章
师生关系是学生成长的生命线

师生关系本应是滋养学生人格健康和谐发展的一块绿洲，然而，由于教育的某些恶性循环，有些师生关系表现为尖锐的冲突状态。

第一节　师生关系是未成年人最重要的关系之一 / 121

第二节　代际冲突也是社会进步的一种推动力 / 131

第三节　侵犯隐私就是侵犯人格 / 138

第四节　失去公平也就失去了信任 / 144

第五节　往坏处想，是代际沟通障碍的一块顽石 / 151

第六章
向孩子学习的五个观念

2022年开始实施的《中华人民共和国家庭教育促进法》倡导9种教育方法，其中一个方法为："相互促进，父母与孩子共同成长。"可以说，这是从法律上确认了两代人相互学习、共同成长的原则。

第一节　现代社会是两代人共同成长的社会 / 161

第二节　现代教育是两代人之间的相互影响 / 171

第三节　成年人应当尊重未成年人的权利 / 179

第四节　向孩子学习是成年人真正成熟与睿智的标志 / 184

第五节　信息时代的青少年身上蕴藏着巨大潜能 / 190

第七章
向孩子学习的五个原则

> 21世纪是终身学习的世纪,是两代人相互学习、共同成长的世纪。显而易见,在知识社会和信息时代,不向孩子学习,成年人难以完成终身学习的任务。因此,将向孩子学习作为终身学习的重要原则和途径,是成年人的明智选择。

第一节　向孩子学习的前提是了解孩子,了解时代的变化 / 195

第二节　欣赏孩子的优点是向孩子学习的重要条件 / 201

第三节　向孩子学习应以真诚为本 / 206

第四节　努力做孩子的好伙伴应成为成年人的追求 / 210

第五节　建立对话式、交互式、融合式的教育模式 / 215

附录　孙云晓个人著作目录 / 221

后记 / 225

第一章

需要重新认识的新一代

作为父母和教师，您是否真正了解今天的孩子？当代青少年是问题孩子还是大有希望的孩子？不同的认识决定着不同的关系与教育，而教育与成长的方向自然也大不相同。

第一节 21世纪是两代人相互学习、共同成长的世纪

儿童长大的过程是由"生物人（自然人）"变为"社会人"的过程。在这样一个社会化的过程中，成年人，尤其是父母与教师，是儿童和青少年重要的教育者。也可以说，成年人对儿童和青少年的影响是使其社会化的主要因素。但是，必须看到，信息化时代也是文化反哺的时代，社会化是终身的和双向的。

在当代中国，特别是进入互联网时代，儿童和青少年对成年人的影响变得越来越突出，而这种反向社会化在儿童期就已经开始了，只不过不太容易被正视罢了。但值得成人注意的是，当代儿童和青少年身上蕴藏着代际超越和文化反哺的力量比以往任何时代都更加巨大。通俗一点说，今天的社会化是双向的，大人可以"化"孩子，孩子也可以"化"大人。这是新的代际教育观。

2022年9月4日，央视新闻微信公众号发表了《小学生坐公交车写"欠条"，接下来的举动全网点赞》的报道：某晚，青岛市K23路公交车上发生了有爱一幕，驾驶员崔慧为刷卡余额不足的小学生刘栩铭垫付车费后，刘栩铭同学从作业本中撕下一页写下"欠条"，并向驾驶员敬少先队队礼表示感谢。回家后，刘栩铭告诉了妈妈这件事，妈妈赞扬了女儿，随后带女儿去感谢驾驶员，并补缴了欠付的车费。这是一件很小的事情，但试想一下，我们成年人能像孩子这样自律和认真吗？类似的事情很多，表明新一代少年儿童的好品德值得成年人学习。

当然，生活中也有矛盾发生，青少年一代的处理令人刮目相看。我的女儿是"80后"，她上中学的时候，对有件事的处理让我久久难以忘怀。

有一次，我碰见女儿学校的校长，他热情地说："孙先生，我们现在

有一个国际海洋夏令营,是不是给你女儿一个名额?"

机会难得,我连忙表示:"好的好的,真是谢谢校长!"回家后,我就把钱给女儿,让她第二天报名并缴费。

夏令营活动的准备工作之一是校内培训。结果,我女儿去参加培训的第一天回来就说:"这个夏令营名不副实,说是国际海洋夏令营,根本没有什么海洋活动,老购物,本来6天的活动改成5天。这个夏令营不好,我不去了。"

孩子这一说,我感到很为难:钱都交了,都开始培训了,不去合适吗?我劝女儿说:"去吧,你去了就有收获,去了就会受到教育。"你看我们成年人的思维就是忍耐,而不大在意自己的权利。"去吧去吧,都这样了,好赖你去吧。"

我女儿说:"不想去!这么委曲求全干吗?"

这句话警醒了我,我觉得孩子说得有道理,既然觉得参加这个夏令营没有多少收获,为什么强迫自己去呢?我就说:"你说得也有道理,去不去是你自己的权利,但是不去的话,你要去跟老师说明理由,办好退营手续,如果做到这一点,你就可以不去。"

女儿爽快地答应:"那行,没问题。"

第二天,女儿就跟老师说明退营理由,然后把款都退回来了。

坦率地说,我自己虽然是一个儿童教育的研究者,也是个作家,但是我在2005年以前绝对是网络"菜鸟"。当时新浪给我打了好几次电话说:"你是有影响力的教育专家,你能不能在我们这儿开一个博客啊?"说句真心话,那个时候我对"什么叫博客""怎么开博客"一点也不明白。后来我女儿说:"老爸,挺好的,开吧,我帮你,我给你当博客的总监。"

2005年,我女儿还是复旦大学的学生,她的大学毕业论文就是关于博客的研究,还获得了复旦大学优秀论文奖,所以她对博客很在行。我就在女儿的支持下开了博客,我说你可得帮助我来弄啊。

2005年底,我的博客就开了。看了电影《无极》后,我在博客上发表了观点鲜明的评论。我当时正在出差,女儿连连发短信告诉我,说老爸不得了了，五千人看了。过了不到一个小时，又说几万人看了这篇文章，好多人提问题啊！我突然发现难题来了，因为我打字慢极了，根本就没法适应，都是我说，我女儿打。这哪能行呢，我女儿自己也忙得很，我就有上了贼船的感觉。博客已经开了，也不可能不维护，我就开始自己学习使用电脑，因为太需要了，必须得回复网友。

可以说因为开博客，我真正实现了"换笔"，把用笔写作变为电脑打字，现在也很熟练了。后来还开了微博和微信朋友圈，微博的粉丝500多万。所以，我实实在在地觉得，在信息化时代，孩子很多方面是我的老师，以孩子为师，这是一种成年人的智慧，也是成年人在终身学习中一个必须接受的现实。

女儿就这样一天天长大了，还成为爱心满满的妈妈。

2022年3月开始，上海突发疫情，女儿一家只能居家生活，我们则久居北京，非常担心女儿家上有老下有小怎么生活。没想到，女儿不但迅速从网上购物，储备了足够的生活用品，还与先生双双报名，担任了小区防疫工作的志愿者。后来，女儿还当了小区网购团的团长，满足了许多居民的需求。虽然远隔千里，女儿还时常帮助我们网购需要的物品。

女儿积极乐观的生活态度和勇于担当的负责精神让我们刮目相看。

早在1998年，北京师范大学陈会昌教授主持教育部的重点课题，即"经济转型时期中小学生的道德教育"。该课题在完成对北京、上海、郑州和哈尔滨50所中小学的教师访谈后发现，多数中小学教师对现在的学生不乐观，在他们评价学生的话中，70%是批评性的、否定性的；能说出学生品德方面优点的老师很少，认为现在的学生总体上比过去强的老师很少，只占百分之几；甚至在一所学校三个多小时的访谈中，教师们都在指责、抱怨、发牢骚，似乎现在的孩子一无是处，乏善可陈；很多老师认为，现在学生的主流意识越来越淡了，思想越来越发散，越来越多元化，因此，对学生进行思想道德教育的难度也越来越大了。

与此同时，也有许多人得出了相反的看法与结论。1998年6月24日，《人民日报》发表了该报原总编辑范敬宜的一篇评论：《赞"回家问问孙子"》。

范敬宜先生写道：

近来常和老同志们一起开会，讨论问题时往往会涉及某些当今的新领域、新学科、新知识。什么知识经济啦，知识产权啦，信息高速公路啦，计算机软件的使用与管理啦等等。有时遇到难题，一些老同志便很自然地说"等我回家问问儿子"，或者"等我回家问问孙子"。

开始听到这类话，觉得很不习惯：当了一辈子知识分子，甚至是有点名望的知识分子，到头来怎么还要"回家问问孙子"？后来仔细想想，忽有感悟——这不是长幼失序，而是反映了我们正在经历一种历史性的变化。

"回家问问孙子"，首先说明当今世界科学技术正在一日千里地发展，我们的知识越来越跟不上时代的车轮。而儿孙辈在这方面的知识正在或者已经大大超过我们。回想一下，我们在小学、中学、大学时代学的那点科学技术知识，比起今天的青少年，真是幼稚、肤浅得多了。今天，许多家庭都出现这种情况：当爷爷、当父亲的使用电脑远不如还在小学读书的娃娃熟练。这是社会的进步，不服气还真不行。

"回家问问孙子"，还说明了社会观念的变化。过去，老年人经常用这样的话训斥儿孙："你懂得什么？""我过的桥比你走的路还多！"现在很少听见这类倚老卖老的话了，逐渐取代的是"不耻下问"。这是因为老年人已经承认自己的现代科学技术知识落后于形势，迫切要求迎头赶上，不再以"下问"为丢面子。这也是时代的进步。

范敬宜先生在评论最后写道：

要想更好地跟上时代步伐，我们必须努力地学习，虚心地学习，包括向自己的第二代、第三代学习，否则，即使想"发挥余热"，这余热也越来越有限了。从这个意义上说，愿意"回家问问孙子"是值得赞美的好现象，比起老是慨叹"人心不古""一代不如一代"要积极得多，有价值得多。

在一次有关如何使用计算机的私人讨论中，南京大学一位教授面对自信而不服输的同事，竟使用了在他看来最具说服力的反驳方式："不对,不对,我儿子说……"南京大学社会心理学家周晓虹教授指出，从"我爸爸说"到"我儿子说"，"我意识到了这句话中蕴含的'革命性'意义，它不但证明了新的文化传承方式的出现，甚至还预示了一种全新社会的到来"。

那么，我们将面对怎样一种"全新社会"的代际关系呢？1997年至1998年，在我和康丽颖教授的主持下，中国青少年研究中心课题组曾经在北京、沈阳、南京、杭州、福州、南宁、桂林、泰安8个地区，对116名10岁至18岁学生的父母和老师进行了访谈，同时又访谈了41位知名学者，得出一个富有挑战性的结论：向孩子学习，两代人共同成长，将成为新世纪代际关系的重要模式。

一、如何评价今天的中国青少年？

一个5岁的中国小女孩问妈妈："女的能当国家主席吗？"妈妈回答："能啊！"并列举世界各国的女总统、女总理来加以证明。

女儿说："我长大了要当国家主席。"妈妈高兴地说："好啊！你当了国家主席，我就是皇太后。"谁知，女儿马上反驳道："那才不对呢！我当国家主席，您还是老百姓，和您没关系。"

据北京教科院冉乃彦老师介绍，这段对话是他听一位妈妈讲述的，这位妈妈感慨地说："我的观念落后于女儿，应当向孩子学习。"类似这样的例子，许多中国父母也碰到过，他们都对吸吮着改革开放新鲜乳汁长大的年轻一代表示惊讶，承认自己经常受到孩子的积极影响。

每个时代的孩子都有其特点，我们不能孤立地看待孩子的某一面。中国青少年研究中心曾经对青少年的时代特点做过系统的研究，发现今天的中国青少年（主要指未成年人）的自身发生了如下四大变化。

（一）关注自我发展

在改革开放前的中国，人们不敢谈自我，因为在那个特殊的时代，自我曾代表了个人主义。而在今天这个较为宽松的社会背景下，青少年比历史上任何时代的同龄人都更勇于张扬自我，这是现代青少年非常可贵的一种品质。自我意识的形成对人的发展有非常深远的影响。

今天的青少年关注自我发展主要表现在以下几个方面：

1. 自我选择意识比较强

自我选择意识的增强表明人的能动性的增强和人的生活态度更为积极。

过去，青少年是在社会提供的范式和榜样中长大的，他们按照社会提供的参照系来判断周围的一切。在绝大多数情况下，社会并不需要他们作出选择。他们的工作、事业、人生前途等，基本上都由社会安排好了，在一元化的环境中，多数青少年很少感受到选择。

今天的青少年在价值观的选择上没有那种一元价值观的统合，在表达自己的思想上更大胆，在实践上也没有更多的限制。多元化的社会使他们的选择机会相应地增多了。

10岁的孩子从家里拿自己的书到班里去交换或推销，他觉得很坦然。他们在很小的时候就学会了选择，选择吃什么或者穿什么甚至干什么，很多事情他都可以作出自己的决定。青少年在精神和物质享受上需要作出选择的机会日益增多。在选择中成长起来的青少年比上一代人有着更强的社会适应能力。

2. 对自我发展充满信心

这主要是指今天的青少年对自己的力量有充分的估计，从而对自己产生的一种信心。它是自我体验的一个重要指标，主要受三方面的影响：

一是今天的青少年在生命早期就感受到了许多新异刺激。在信息时代，由于获取知识与信息渠道的多样性，他们在小小年纪就见多识广，并因此获得一些成年人的肯定性评价；

二是父母与家人对他们的社会期望在不断提高，青少年按照理想的形象塑造自我时，会对自己产生较高的自我期待；

三是今天的青少年有更多的自我表现机会，他们会因自己的某一方面能力得到充分的发挥而对自我发展充满信心。我曾经与卜卫研究员主持的中国城市独生子女人格调查表明，自我接纳程度比较高的孩子占总人数的74.4%。

3. 重视个人权利

在个案调查和访谈过程中，我们常常感受到两代人之间的某些权利之争。成年人总是强调他们对孩子应该行使保护权，而青少年总是抱怨父母干涉他们的行动自由，不尊重他们的个人隐私。

《儿童权利公约》和《中华人民共和国未成年人保护法》均规定，未成年人有四项基本权利：生存权、发展权、受保护权和参与权。成年人更关注的是儿童的生存权和受保护权，而对其他两个方面重视不够。如某专家所分析，许多中国人的传统心理是爱护孩子，常常把孩子比喻成祖国的花朵，但其中也包括了"花朵是娇嫩的，需要成人呵护""花朵没有自己的想法，只需被动地接受环境影响就行了"的观念。但在新环境中成长起来的青少年，却在不断地向成年人"索要"原本属于他们自己的权利。

4. 关注个人生活质量

调查发现，无论农村还是城市，青少年获取生存所需的物质条件都比过去容易，因而在他们心中，物质需求所占的比例有所下降。他们较少感受到因物质匮乏所造成的生存压力，因而更关心个人的精神需求和自我完善。

多数父母能够为青少年的精神需求提供物质保障，诸如，给孩子购置大量的图书，培养孩子的多种兴趣爱好，给孩子提供旅游观光的机会，等等。所有的这一切，使很多青少年在很小的时候就学会了合理安排闲暇时间，在多种多样的娱乐活动中，他们因学业造成的精神压力也有了一定程度的缓解。

（二）与人相处时更注重规则意识

现在的青少年面对的是一个相对稳定的、以发展经济为主要任务的社会。在这样的社会里，为了保证社会的稳定和社会生活有效运转，必须讲秩序，讲规则。这种社会环境使今天的青少年在人际交往关系上产生了一些新的变化。

1. 求同存异

以前青少年的成长环境比较强调共性，大家一起进步，追求同一种风格，说同样的话，穿同样的衣服，这种环境使多数青少年较为排斥与自己不同的人。

现在的环境更强调个性、个人奋斗，不论穿衣、做事，都在强调与众不同，包括思维方式也在追求"新""独""特"。

这是一个设计自我、发展自我的时代，青少年学会了用某些特定的规则（包括纪律、规章制度和法律）来评价他人的行为。

他们不仅对自己群体内部的人与事持包容态度，对域外文化也持尊重的态度。

2. 法律意识增强

改革使中国社会逐渐向法治化社会发展，人们相互之间的评价将更趋于法律标准而不是道德标准，这使今天的青少年更倾向于运用法律来衡量行为，更加追求个人价值实现的多样化与社会的公正。

3. 道德价值观上更追求公平

今天的青少年在对某些事情作出道德判断时，往往不容易受成年人左右，他们有自己的评价标准，非常注重公平。如在某中学，两个男生打架，其中一个是班干部。老师要求班干部主动承认错误，可大部分同学反对，认为老师是在助长"恶势力"的威风，这样做不公平。

（三）认识的广度愈来愈大

今天的青少年非常幸运，因为他们成长于信息化时代。这个时代的一个最显著的特点是人类有存储世界范围内的大量信息的能力，并且可以使地球上几乎任何人以多种方式即刻获得这些信息。

这是一个崭新和奇妙的时代。信息的传递超越了地域、时间和代际的限制。智能终端和电子产品的普及,让原本广播、电视、报纸等承载的许多内容都可以通过网络直接传送到每个人的手机或电脑上,大量最新的信息可以随时查询翻阅。学习渠道的多样性以及学习过程的个性化,使人们能够对自己的学习方式作出更加个性化的选择。

青少年更是如鱼得水,与成人不同的是,面对新的传媒手段,特别是计算机和互联网,青少年缺少的是恐惧,多的是欣喜,他们会像玩一个高级玩具那样轻松。

2015年10月,中国青少年宫协会公布的"儿童和媒介"调研报告中,调查显示:44%的孩子幼儿园就开始玩网游,47.5%的小学生拥有自己的社交账号,46.4%的初中生已加入6个以上QQ群。根据共青团中央维护青少年权益部、中国互联网络信息中心(CNNIC)、中国青少年新媒体协会发布的《2020年全国未成年人互联网使用情况研究报告》,数据显示,超过三分之一的小学生在学龄前就开始使用互联网,而且呈逐年上升趋势。未成年网民中,拥有属于自己上网设备的比例达到82.9%,使用手机上网的比例为92.2%,拥有自己手机的比例为65.0%。[①]信息化时代使成人与孩子在获取知识的地位上更为平等,今天的青少年见多识广便不足为奇。

(四)对新环境的应变能力不断提高

当代青少年生活在一个多变的环境中,他们生存与发展的压力骤然增大。在机遇与挑战并存的时代,这一代青少年在很小的时候就开始以个人的姿态参与社会生活,他们在参与中所形成的社会应变能力已初露端倪。

关于如何评价今日青少年,著名心理学家陈会昌教授曾作过七个方面的概括:

1. 青少年是时代精神的最紧密的跟随者;

---

① 共青团中央维护青少年权益部,中国互联网络信息中心.2020年度全国未成年人互联网使用情况的调研报告(解读稿)[J]. 中国共青团,2021(15):13-14.

2. 青少年的独立性、自主性明显地增强了；

3. 青少年是当前市场经济社会道德价值体系的探索者和创建者；

4. 人格和人性的回归在现代青少年身上表现得非常明显；

5. 现代青少年个性中的创新性显然比过去的青少年好；

6. 现代青少年并非缺乏理想抱负，只不过他们的理想抱负不像我们过去那么"远大""空洞"；

7. 现代青少年比过去更加外向，更富有激情。

总之，我们应当相信当代青少年，相信他们有能力并有责任心，能够创造出远远胜过父辈的辉煌，使21世纪比20世纪更加美好，并且越来越好。

二、青少年的自我评价

2014年，中国青少年研究中心及美国、日本和韩国的研究机构共同开展了专门针对四国高中生的价值观比较研究，希望了解国际背景下各国青少年的价值观状况。这次研究主要采用问卷调查法，调查对象为高一至高三年级的在校生，2507名中国高中生、1560名美国高中生、1845名日本高中生和1833名韩国高中生完成了调查问卷。

研究发现，多数高中生自我接纳程度较高，比较而言，中国高中生对自身的接纳程度和美国高中生接近，高于日本和韩国高中生。

数据显示，在体力、学习和自身能力方面，认为自己体力好的中国高中生比例为76.4%；认为自己学习好的中国高中生比例为65.2%；认为自己能力不比别人差的，中国高中生为90.7%；而认为自己有时候不行的，中国高中生为56.5%。而对人际交往的自我评价方面，认为自己有很多朋友的高中生，中国最多（92.4%），其他依次为韩国（86.8%）、美国（85.4%）、日本（75.1%）。

在规则意识、独立意识、竞争意识方面，数据统计显示，九成中国高中生能够努力做到自己的事情自己做；在竞争意识方面，73.6%的中国高中生认为自己凡事不会输给别人。另外，自评容易受周围人意见影响的比例，中国高中生为58.4%。

在是否有明确的人生目标方面，中国高中生比例为75.6%；有80.8%的中国高中生对实现理想有信心，但也有48.4%的对未来感到不安。

以上数据可以说明，中国高中生整体上对自我的评价较高，说明了这一代青少年比较自信，对未来有着更从容的态度。除了高中生群体外，自我评价高、自信等品质，在整个青少年群体中都有体现。

（一）青少年的积极自信与过分自我

2010年11月14日，《深圳商报》发表文章《认识"90后"，关注这代人》，文中提到了"90后"敢于质疑课堂内容、在网上挑战权威的行为：

> 与张扬的"80后"相比，"90后"显得越发无所顾忌。
>
> 在微博上、贴吧里，他们毫不羞涩地给自己贴上"90后"标签，自信地叫板家长、老师等传统"权威"，昂扬地以各种方式展示自我。
>
> 在百度贴吧里，"70后吧"的帖子不到4万条，"80后吧"为734万条，"90后吧"则多达1295多万条。在新浪微博上，给自己贴上"90后"标签的人将近24万。
>
> "90后"的自信来自他们对各种新生事物的较强适应能力，以及时刻包围他们的丰富网络信息。山西省社科院副院长、研究员孙丽萍分析认为，由于能够较快适应并掌握各种新事物、新信息，"90后"思维活跃，自我感觉良好。

除了"90后"外，我们也能感受到自信品质在"00后"身上的体现。2015年6月7日，《中国青年报》发表《面对快速长大的"00后"不能再走寻常路》，认为"00后"敢于表达自己的意见，追求平等的权利。

> 有时候，孩子们敢于对老师说"不"，是好事一桩，也是个性与平等意识缺一不可的表现。
>
> 石家庄市雷锋小学就出现过这样的情况：学校里有红领巾值周

生,负责监督学生和老师的列队情况。比如,周一升旗时,学校规定老师也要列队,课间操时,规定老师必须站在后面出操。有时候有的老师缺席,值周生便会记录下来,然后去办公室"质问":"老师为什么不到位?到底有什么事由?"常常会把老师问得脸红,下一次便不会再缺席了。

类似的现象绝非个案。根据共青团北京市委对小学生的调研结果显示,在"你觉得加入少先队光荣吗"的回答中,91%的少先队员选择了"光荣";85.7%的少先队员对少先队活动选择了"满意"。在"给你提意见的机会,你会提吗"的回答中,64%的学生选择"会",表明大多数小学生除了拥有集体意识外,还是有较强的自主性、参与性的。

青少年拥有更加自信的心态是一件好事情,也是中国国力增强、社会快速发展的必然,有着很强的时代背景。

随着中国社会越来越自信和开放,世界上一些先进的教育思想和理念也在广泛流传。例如"儿童友好"的思想观念、"以孩子为中心"的人本主义教育理念、"信任儿童,让儿童自由活动"的蒙台梭利思想等被现代父母借鉴或接纳,越来越多的父母注重对孩子进行爱的培育,鼓励孩子个性发展,让孩子越来越自信。

2015年9月27日,作者刘希在《中国教育报》发表文章《给孩子一面墙》,展现了现代父母对孩子的一种包容:

双休日,我午休后起床发现,客厅里像遭了贼一般:沙发靠垫滚落一地,十几个娃娃在沙发上排成一队,茶几上的茶杯和水壶被挪到了墙角,茶几上面摆满玩具、小人书和零食,电视机上的盖布也被扯下来了。更要命的是:客厅后面那块雪白的墙,被我的两个孩子画得惨不忍睹,机器猫、人物肖像,还有好几只小猫小狗,看样子,她们是站在沙发上画的，而且用的是油画棒。

我把脸一沉，对女儿们说："画这么乱，我以后怎么招待客人，早就说过不许乱画，你们怎么就记不住？赶快擦掉！"我只不过是想吓唬吓唬她们，以后不要在墙上乱涂乱画了，女儿们却找出橡皮擦，认真地擦起来。

等我在网上逛了一圈后，惊讶地发现这墙更加惨不忍睹了！孩子们不仅没有擦掉，反而为每一个图案涂上颜色。

我无奈地苦笑，跟表姐诉苦。她说："涂涂画画是孩子的天性，你不能扼杀她们的兴趣爱好，不如这样，让她们在固定的一面墙上画，快乐而过瘾，也不会把家里弄乱，两全其美！"我心想也是，大女儿不过6岁，小女儿刚满4岁，两个孩子都是喜欢涂鸦的年纪，我怎么能强制她们不在家乱画呢？思来想去，我决定按照表姐的建议，给孩子们打造一面涂鸦墙。

我在网上一查，发现很多家长都有给孩子做涂鸦墙的经历，他们晒出了很多方法和注意事项。考虑到弄一块黑板或是白板虽然简单方便，但孩子们哪里能体会在墙上画画的乐趣呢，而且粉尘对孩子身体不好。找来找去，觉得黑板漆的效果不错，于是我按照介绍的步骤，在玄关处涂了一块黑板墙作为孩子们涂鸦的地方，孩子们看到了特别开心。我告诉她们，这是她们的领地，想怎么画，就怎么画。

现在，我再也不用担心孩子们破坏家里环境了。这块涂鸦墙不仅是孩子们画画的乐土，也成为家人表达爱的地方。有时候，女儿在上面写："妈妈，天天快乐！"有时候，女儿在上面画我们一家四口快乐地牵手的情景。我和老公也及时回应孩子们的爱，在上面写："宝贝，我们爱你们！"亲情在屋里流淌，我们都感觉特别幸福快乐。

给孩子打造一面涂鸦墙，不仅是对孩子灵性的一种引导，更是对孩子的一种激励、一种鼓舞。

父母的包容和接纳对孩子形成积极的自我评价有着正面促进作用，这是很多孩子越来越自信的原因。许多是独生子女的"80后"和"90后"，已经开始成为父母，他们曾经所受的教育经历和本身的时代特点，对于当下孩子自信心的培养也有着重要的影响。

2014年12月4日，《中国教育报》发表文章《"80后"独生父母，更懂得教育的一代？》，描写了"80后"父母教育孩子时的一些特点。

> 有人担心，"80后"独生父母自己就是过于自我、没有责任的一代，如何教育他们的下一代。
>
> 也有人充满期待，因为他们是更重教育、更重自我、更具公民精神的一代。
>
> 独生父母，即独生子女成长为父母。从20世纪70年代末期到20世纪90年代出生的独生子女一代，已相继进入而立之年，他们正式从孩子变成父母，从"娇宝贝"成长为"监护人"。
>
> "80后"独生子女的成长史，几乎同步于中国改革开放的发展史。"80后"独生子女的童年生活大多也就刚够温饱，或略有丰余，可到他们做父母的今天，已完全不同了。
>
> 汪琳，1981年的独生女，成长于湖北省某三线城市，小时候的玩具是自制的沙包、跳青蛙、泡泡胶，学校门口有5分钱一份的酸梅粉、炸米条、搅糖。她只有两个布娃娃，坏了也舍不得扔。工人父母的家里干净而节俭，很少有零食。
>
> 如今，自己做了妈妈的汪琳，总是尽量满足女儿的要求。或多或少，这也是她自己的心理补偿。汪琳还为女儿报了舞蹈、书法兴趣班。小时候，受条件限制，她不会舞蹈，不会音乐，不会书法，几乎没有任何兴趣爱好。她不愿女儿重复自己童年的压抑和无趣。
>
> 不论在东、中、西部，无论大城市还是小城镇，这都是"80后"独生父母的普遍选择：女孩子学舞蹈、钢琴、古筝、画画，男孩子学

跆拳道、小提琴、游泳，大一些的还学英语、数学等。

可能是自己吃过苦头，许多父母并不会给孩子灌输"吃得苦中苦，方为人上人"的道理。必要的吃苦教育是可以的，未必大富大贵，但孩子要"富养"（尤其是女孩子的精神滋养）。"80后"独生父母绝不吝于在力所能及的条件下，给孩子提供更好的成长环境。

"70年代，来接孩子的家长一般会问老师：'孩子今天乖吗？'现在不一样了，父母会问孩子：'你今天开心吗？''你今天学了什么？'"有着40年教龄的上海市学前教育研究所副所长郭宗莉，曾是上海一所创办于1956年的示范性幼儿园的园长。在她印象中，在重视孩子的心理感受上，"80后"独生父母明显优于之前的父母。

张文也是如此。当听到女儿在幼儿园受委屈，毕业于北京某知名高校的张文都会想起自己的童年经历。那时候，不管什么原因被老师告状，她的父母都会责怪孩子不听话，甚少倾听她的辩解。

她还记得自己小时候沉浸在书山题海中的无奈，青春记忆几乎一片空白。

因此，"我绝不让我的孩子深受学习之苦"。她甚至认为，将来自己的孩子可以做一些离经叛道的事情，包括早恋，只要不出格就行，那样的青春至少不乏味。

文章中的汪琳是很多"80后"父母的代表，因为家庭环境和父母的评价对孩子的重要影响，一代自信的父母或许更能教出自信的孩子。

2015年6月1日《南方日报》报道，广东省某机构针对全国22个主要城市，近2000个"80后""90后"家庭做了一项调查。结果显示，对孩子未来的规划，多数父母希望孩子平凡快乐，不再过分望子成龙，有49.5%的父母希望自己的孩子以后当普通人，只有20.1%的父母希望小孩长大后成为富有的企业家，15.8%的父母希望孩子长大后成为像爱因斯坦一样智慧的科学家。

我们可以欣慰地看到，新一代父母对于孩子的期望更加富有理性，更能明白人生追求幸福的本质，这对孩子的健康成长很重要。父母的期望影响着孩子做事的目标、自我效能感，以及内在信念的形成，当代青少年一些优秀的品质与日益发展的家庭教育分不开。

不过这个调查更多还是针对婴幼儿家庭，很多父母对孩子的期望可能会随着孩子的成长而发生变化。特别是孩子进入学校开始学习之后，父母被学习成绩、老师评价等硬性标准所刺激或挤压，对孩子的期望和要求有可能会进一步提高，从而引起孩子教育上的一些问题。

自信是一种良好的品质，但过度自信，就会盲目放大对自己的评价。过于以自我为中心，缺乏感恩，或许是新一代青少年在光鲜背后所存在的问题。

2015年10月1日，中学特级教师李镇西在《中国教育报》上发表文章《"优生"的反问》，表达了对青少年过于自我、缺乏感恩的担忧。

作者在文中提到了一件事情。两年前，某知名老牌重点中学为了在高考中"再创辉煌"，通过种种手段重金录取中考尖子生，承诺"如果报我们学校，高中阶段的所有费用全免，还给生活补贴"等。果然吸引了一批学习成绩优秀的学生，其中一名学生后来被清华大学录取。学校以之为荣，通过媒体大肆炒作"素质教育硕果累累"，并给了这名考上清华的学生7万元奖励。

但这事到了后来变成了一个悲剧。8月，这所重点中学的高三学生提前到校上课。学校打算请那名考上清华的"优等生"回母校给学弟学妹们讲讲学习方法之类，便通过班主任给他打电话。那位"优等生"听了班主任的话，第一句话是只有三个字的问句："多少钱？"班主任一下子就蒙了，她完全没有想到自己的学生会这样问，于是便在电话里给这名"优等生"讲"学校培养你不容易""要懂得感恩"之类的话。该"优等生"又反问了一句："我考上清华，关学校什么事？"

班主任顿时像挨了一耳光。可以想象，这个"优等生"在高中三年里，受到过班主任怎样全方位"倾斜"的照顾——学习上细心辅导，生活上精心照料，无微不至，不一而足。现在，这"优等生"突然翻脸了，班主任老师怎能不痛心呢？

这篇文章所提到的这名高中生或许是极其个别的例子，但在某种程度上可以反映出某些青少年的心理。这种过分自我的特点，也可以从社会环境和父母处事方式中找到端倪。

首先，市场经济的发展，使得金钱至上、功利化的思想浸透到社会的各个角落，很多家庭甚至社会机构把金钱回报作为衡量个人价值的唯一标准。青少年在这种环境中成长，很容易被感染，形成追求物质的价值观。

对于文章中的尖子生，当初本来就是学校通过金钱交易吸引过来的，当教与学变成一种交易，本身就是对孩子品格的一种畸形影响。所以最后他的反应，就是浮躁而功利下学校教育的恶果，更值得反思的是学校行为本身。

我们除了思考学校教育如何引领青少年的价值观发展外，也要考虑家庭环境和社会风气的影响。作为独生子女居多的一代，"80后"父母本身就更注重自我，更具公民的精神，他们集全家宠爱于一身，缺乏与兄弟姐妹相互分享、谦让、替别人着想的成长环境，其个人取向更为明显，这一代父母的价值观对孩子的影响也是潜移默化的。

2005年，在对上海市1828个学龄前儿童家庭进行问卷调查时，上海社会科学院青少年研究所包蕾萍研究员发现，36个指标中只有5个指标，独生父母与非独生父母存在显著差异。第一条就是："相比较非独生父母，独生父母个人取向更为明显。例如，当事业与生育孩子发生矛盾时，近两成独生父母表示会考虑暂时不要孩子。"

明显的差异，生于20世纪80年代以前的人带有更多集体主义的烙印，一般不会习惯于把个人意愿排在前面。

上海一位幼儿园教师告诉记者，她班上有一个小孩子喜欢吃虾。有意思的是，如果是爸爸妈妈烧虾，就会按照人头数平分，一人几个，大家都吃；如果是爷爷奶奶烧，就会说自己不喜欢吃或是吃过了，只看着孩子吃。她觉得这是因为"80后"父母也是被宠大的一代，讲究"你有我也有"，而不会像上一辈那样"牺牲"。

上海市科学育儿基地常常举办一些亲子培训课程。一些课程结束时，有一个抽奖环节，奖品并不昂贵，重要的是这个环节的教育功能：要让孩子知道，不是所有的东西他都可以拥有。

常常有没抽中奖品的孩子立刻流下眼泪，或对着父母发脾气。父母赶忙安慰："宝贝不要哭，待会给你买一个一模一样的。"

所以，新时期孩子的自我评价及内在品质有着其优秀的一面，同时也存在着一些问题和危机。这些问题很多时候与我们父母和成人的教育有莫大关系，也更说明我们需要向孩子学习的同时，促进自我成长。

（二）青少年的勇于担当与盲目冲动

除了自信的品质外，新一代的青少年还有敢于展现自己、勇于承担责任等很多正能量的行为。他们在抗险救灾、爱心捐款等方面往往冲在第一线，表现出巨大的爱心和热情，彰显着自己的力量。

2015年5月16日，武汉大学发布《中国大学生思想政治教育发展报告（2014）》，显示出当前大学生担当进取、自强自信、向上向善的良好态势。调查报告显示，91.7%的大学生愿意参加诸如抗震救灾、山区支教、环境保护等志愿活动；83.1%的大学生平均每年都会参与公益（义务）活动；超过92%的大学生认为"雷锋精神"并未过时；91.6%的大学生表示遇到跌倒的老人时愿意伸出援手。2020年，面对严峻的新冠肺炎疫情，在4.2万多名驰援湖北的医护人员中，有1.2万多名是"90后"，其中相当一部分是"95后"甚至"00后"。①

2015年5月6日《山西日报》报道，出生于1990年的山西女孩马荣，亲历了4月25日的尼泊尔大地震。这名地震中的幸运者，在震后灾区举起第一面"五星红旗"参与救灾，如今归国后的她，仍然心系灾区，积极奔走，为尼泊尔灾民募集应急物资。

据报道：

---

① 高毅哲. 奋力奔跑正青春[N]. 中国教育报，2022-5-3（1）.

地震发生时，亲眼看着电线杆从面前倒下去的她也曾害怕，但事后她很快加入一个由华人饭店老板等人组成的志愿者队伍，捐出自己的旅游盘缠，购买饼干、面包等食物和瓶装饮用水，为无家可归的灾民发放。此后几天，她和志愿者为华人灾民熬粥，炖排骨汤，煮鸡蛋……

回国后，马荣并未停下帮助灾民的脚步，她通过一家民间组织，为灾民募集被褥、衣服等物资，得到一些企业的响应。

马荣只是一个普通的女孩，爱玩，羡慕朋友的豪车和新手机。她说，以前，考虑到一些捐助机构不透明的运作导致爱心人士的捐助无法到达受助者手中，或者在转送过程中被"剥皮"，她对某些机构或个人的募捐并不响应。

但在天灾中，险些受伤的她迅速成长起来，并且投入实际行动中。"我还活着，健康地活着，并且能够去帮助别人，这是最幸福的事！其他的物质之类的东西，我都不在乎了。"马荣说。

2015年8月21日《三秦都市报》报道，8月12日，西安一名"90后"女孩杜林静在天津旅游时，恰逢天津滨河新区大爆炸。得知消息的她，在凌晨5点多钟，乘出租车到天津血液中心去献血。

事后，天津血液中心官方微博表示了对杜林静的感谢，也引发了大家对她的关注。面对记者的采访，杜林静说："我觉得救死扶伤是一种责任，只要有需要，我愿意做所有力所能及的事，即便再小的力量也是一种支持。"

2022年3月至4月，突如其来的新冠疫情对吉林省教育系统提出了严峻挑战。很多"00后"的大学生加入了疫情防控志愿队伍。"我是党员我先上！"疫情防控期间，吉林高校广大党员充分发挥先锋模范作用，长春理工大学光电工程学院2019级本科生张鑫宇、龚佳乐面对党旗庄严宣誓，成为学校疫情防控期间第一批入党的大学生。"我们坚信，病毒虽来过，花儿还会开。"东北师范大学马克思主义学部2020级学生刘晗聪从早上7

点到晚上 10 点，全天处于待命状态。取饭、发饭、组织核酸检测、发放试剂，各种活动紧张忙碌而又井然有序。"我报名志愿者！""我是学生会工作人员，我当先锋！"吉林工程职业学院学生朱洪庆、李思璐、刘恩泽、于桐枫等组成突击队，志愿为同学们送餐、打热水、维持核酸检测秩序。"谁有需要联系我，我申请到最艰苦的地方当志愿者！"吉林大学机械与航空航天工程学院工学博士魏海龙志愿加入"牡丹园志愿者团队"。①

在面对灾难时，不管是马荣和杜林静，还是当代的大学生，对别人及时施以援手的行为并不是个例。我们可以看到，在每次发生重大事件时，无论是网上还是现场，都能看到这些"80 后"或"90 后""00 后"的身影。

2015 年 4 月，中国青少年研究中心发布《中美日韩四国高中生价值观比较研究报告》。报告显示，中国高中生最看好国家的发展前景，88.8%的中国高中生认为"中国的前景光明"，较美国高近 30 个百分点，较日本和韩国分别高 56.9 个百分点和 55.7 个百分点。

当父母年老需要照顾的时候，88.6%的中国高中生表示"无论如何我都会照顾父母"，而持此想法的美国、日本、韩国高中生分别为 52.3%、38.1%和 57.3%。这表明，相当多的中国高中生仍然葆有赡养父母的良好意愿和责任感，这是非常难能可贵的。

青少年之所以有如此积极的心态，一方面是物质生活条件的提高，让孩子有条件去追求更高的自我实现。根据马斯洛需求层次理论，当人的物质需求被广泛满足之后，就开始追求更高层次的精神需求。对于当今的青少年来讲，享受着前所未有的物质水平环境，国力昌盛，社会稳定，他们的自信心和安全感也达到了较高的水平。在这个时候，帮助别人，实现自己的社会价值或许就成为他们的人生追求。

另一方面是网络的发展给了青少年积极展现自我的平台。现在的青少年已经走到了网络世界的最前沿，比成年人在网络方面有着更多的技术优

---

① 张东. 坚守使命 护航师生安全 [N]. 中国教育报，2022-4-29（1）.

势。所以每当有重大事件发生时，青少年都会积极响应，并彰显他们的力量。

在李文明、吕福玉所写的《从汶川地震网络传播论青少年新媒介素养》中，生动地描述了青少年的网络力量。

2008年的"5·12"汶川大地震发生后仅5分钟，腾讯网即通过QQ弹出窗口，发出了第一条地震消息。新浪、搜狐、网易、中华网等大中型网站以及千龙网、荆楚网等地方新闻媒体网站，均在地震发生后15分钟左右便发出了相关报道。

在汶川大地震的信息传播过程中，"80后""90后"表现出超强的网络传播能力。他们利用互联网与同龄人及社会各界紧密联系，凭借突出的信息获取、分析、评估和传播能力，以文字、图片、声音、影像等素材为媒介，同广播、电视和报纸、杂志等传统媒体相互呼应，在网络上不断汇集各类统计数据和多媒体文本，普及相关知识，开展疑问解答，并整合来自灾区民众第一线的各种"草根"播报以及通过手机等人际交流渠道传播的相关信息资源，同官方渠道的信息资源相配合，形成了来自多个层面的立体性的信息披露和交流机制，营造了空前公开、透明的地震信息传播格局，为抗震救灾的顺利推进助了一臂之力。

2008年5月14日上午，家在灾区茂县的四川烹饪高等专科学校食品科学系大二女生张琪，从收音机里听到救援部队正在汶川寻找空降地点的消息后，立即想起好友左婷家后山上有一块俗称"大平头"的空地适合空降。她火速跑到网吧，写下了《希望大家顶起来！》的帖子，分别贴在百度汶川吧和QQ群里：

有个地方特别适合空降！请救援人员速到那里，就在距离汶川县城往成都方向仅7公里的七盘沟村山顶，俗称大平头，是一块平坦开阔的山顶平地。最主要的是，那里地势平坦，视野开阔，下山后离县城仅7公里，而且有新旧两条公路直通汶川县城。那里原本是打算修建大禹祭坛的地方，很适合直升机降落。这是一条非常重要的消息，请广大网友顶起来。千万不能沉,如果可以,请帮我把这条消息报上去,我用尽所有办法也只能发到这里了。谢谢,请救救我的亲人。电话135××××××××。知道救灾前线联系方式的网友见到后请速汇报情况,请求支援!多谢!

很快,这个帖子在各个QQ群中广泛传播,并迅速在网上传开。5月15日,经过近2000次的转载后,《新闻晨报》记者从网上看到该帖,迅速把它传送到四川省抗震救灾临时指挥中心。指挥中心军方指挥人员电话联系到张琪,了解了"大平头"的地形。核实情况后,军方根据帖子信息迅速展开勘查,并最终成功空降汶川。这一帖子,为及时选择机降场获取了重要数据,赢得了宝贵时间。这对"时间就是生命"的救援行动来说,可谓弥足珍贵。

不过青少年的所作所为有积极健康的一面,很多时候也存在着盲目冲动、不计后果、缺乏深度思考等问题。

2015年11月4日《河南法制报·北新闻》报道,一名中学生因为网上传谣而被行政处罚。

2015年10月,一条"振林区某中学校门口聚集数百人打群架导致一名学生当场死亡,父母到场后因过于激动当场休克"的消息,开始在林州市市民的微信朋友圈、QQ群里广泛传播,且随消息附带6张现场照片,对社会治安稳定造成了严重的不良影响。

林州市公安局立刻派民警赶赴消息所指学校向师生求证。经走访调查,未发现当日校门口有学生打架斗殴事件。之后通过一系列缜密调查,民警于10月31日上午将谣言制造者抓获。散播谣言的竟然是未成年的在校高中生。

据这名学生交代,当天放学经过某中学门口,由于正值学生放学与下班晚高峰期,且该校位于商业闹市区,出现了人口拥堵现象。受一些网络不良倾向影响,任某出于寻求刺激和获得存在感的心理,编写了一条"校门口学生打群架致死"的虚假消息上传至网上,后被广泛传播。

最后这名中学生因虚构事实扰乱公共秩序等违法行为被公安机关给予行政处罚。

这一类中学生编造谣言在网上传播的新闻屡见报端。据 2015 年 5 月 25 日《山西法制报》报道，一名中学生编造学校发现炸弹的谣言，在百度贴吧发布，最终搞得学校内外人心惶惶。

在网络时代，每个人都可以成为信息的创造者和发布者，所以有些中学生为了制造轰动，吸引眼球，往往做出许多出格的行为，甚至不惜以伤害别人为代价。

2015 年 9 月 25 日，江西南昌一名初中女生在下午放学时间被其他女生殴打，之后这段视频在网上传开，《海峡都市报》对此事进行了报道。

短短 99 秒钟的视频里，这名十三四岁的女孩被同学连扇 30 多记耳光，腹部被重踹，头发被大力撕扯。被打女孩不时有擦鼻血的动作，打人者边打边不停地辱骂，周边还有其他女孩对被打女孩的指责声。事件发生当天，学校及学生父母报案后，当地派出所介入调查。初步调查结果显示，视频中打人者和拍摄者均为未成年人。

近些年在网上暴露出来的校园暴力视频越来越多，这是互联网信息时代校园侵害事件的新特点。这些打人者对受害者的施暴手段往往由伤害身体上升到精神虐待甚至是人格侮辱，充满了极强的心理虐待倾向。施暴者们往往乐于享受施虐过程给他们带来的刺激和快感，所以，他们不仅在身体上对受害者进行殴打，还用手机对整个过程进行视频拍摄，并通过把视频上传到网上或发给受害者的朋友，使得受害者的心理痛苦时间变得更为漫长。

除了现实中的校园暴力外，很多青少年在网上也存在着盲目从众，容易被激惹和被煽动，肆意宣泄自己情绪等网络暴力行为的问题。

南京师范大学新闻与传播学院副教授刘继忠认为，非理性表达成了互动式新媒体的一个显著表征。微博、微信上似乎有一种"肆无忌惮"的言说环境。在这种环境暗示下，现实中的谦谦君子也会在不经意间成为网络暴力的助推手，那些对社会不满的极端人群则易患上歇斯底里式的兴奋症，打着道德主义、仗义执言的旗号狂吐脏话。

青少年作为使用网络的主力，其中一些失控者可能会扮演网络暴民的角色，他们对事情缺乏深入的思考，随心所欲地释放着自己的负能量，完全不去思考可能对别人带来的伤害。

对于当今青少年的观点和言行，许多教育和心理学者也都进行过分析。广东省教育厅思想政治教育处原处长袁本新认为，社会转型期的道德失范会对青少年产生较大影响。"90后"学生既是改革开放的受益者，也是市场行为失范的受害者，特别是在其人生观、价值观还没有建立之时，更容易迷失和堕落。

中央财经大学心理学博士辛志勇认为，经济发展到一定水平后，社会整体的价值观会有所变化，人们开始追求个性化、去中心、去权威，追求自我价值的表达。"90后"浓缩而鲜明地体现了这个时代的特点，也正是这样的时代背景造就了这代人。

"90后"和"00后"是目前网络上最活跃的人群之一。他们很小的时候便在网上遨游，在时下流行的各大论坛、博客、微博中，"90后"和"00后"最为活跃，他们对种种时尚和新鲜信息了如指掌，也由此深受影响。

三、世纪之策：两代人相互学习，共同成长

在我们的研究成果《向孩子学习》一书出版时，南京大学著名社会学家周晓虹教授在他为本书所作的序言①中，概括地论证了代际关系发生的革命性变化。

> 自人类进入文明社会以来，不论社会发生怎样的变化，文化传承和社会化的内容有何不同，其传递方向和教化者与被教化者的角色是固定不变的：就文化传承的方向而言，总是从上一代人传向下一代

---

① 孙云晓. 向孩子学习 [M]，昆明：晨光出版社，1998：5.

人。与此相应,在家庭内部,亲代总是扮演教化者的角色,子代总是扮演被教化者的角色。亲子两代在生物繁衍链条上的前后相继性,决定了双方在社会教化上的不平等性。社会教化过程中的"父为子纲"称得上是一切文明社会传承的基本法则。但是,上述法则及其天经地义的合理性自近代以来逐渐开始面临挑战。

亲子冲突的出现,预示了单向的由父及子的传统社会教化或文化传承模式的危机。由于社会的急速变迁,以及面对这种变迁,亲子两代的适应能力不同,对新事物的理解和吸收快慢不同,在亲代丧失教化的绝对权力的同时,子代却获得了前所未有的"反哺"能力。

M.米德所说的"后喻文化"(指长辈反过来向晚辈学习)已经在中国出现。在这样的情形下,我写了两万余字的长文《论当代中国青年文化的反哺意义》。在文章中,我用了一个十分本土化的概念——"文化反哺",来指代这种由年轻一代将知识、文化传递给他们生活在世的前辈的现象。我将"文化反哺"定义为:"在急速的文化变迁时代所发生的年长一代向年轻一代进行广泛的文化吸收的过程。"

当中国社会从封闭走向开放之时,在急速的社会文化变迁中,很快出现了传统的教育者和被教育者的位置变得模糊甚至颠倒的现象。并且,由于中国社会是在长期的封闭、停滞乃至倒退以后,突然面临开放,面临一个如此现代化的外部世界的,这种强烈的反差使得年长一代从"至尊"到"落伍"的过程几乎是瞬时性的,这也使得在中国,传统的亲子关系的"颠覆"比任何国家都来得突然。

所以,尽管"向孩子学习"或反向社会化不是中国社会独有的现象,但20世纪80年代以后的中国肯定是将这场"代际革命"演绎得最为淋漓尽致的国度。

两代人互相学习,共同成长,是新世纪教育观念的重大变革,是家庭教育和学校教育走出误区的重要途径,也是化"代沟"为"代桥"的幸福之路。

孙云晓 生活感悟

1. 孩子当然需要改变，但更需要改变的是父母。信息化时代的一个显著的特点就是父母要与孩子一起成长，如果不主动学习，很少有父母能够完全胜任教育孩子的天职。我们留心会发现，孩子比大人讲道理，而大人往往比孩子更任性，所以，与孩子相互学习、共同成长是睿智的表现。

2. 今天的老一辈为什么要向年轻人学习？因为进入信息化时代以后，代际关系发生颠覆性变化，年轻人处于可以广泛影响老一辈的优势地位。美国学者M.米德提出，文化的历史传承分为前喻文化、并喻文化和后喻文化。后喻文化即文化反哺或反向社会化，老一辈如果不向年轻人学习，难以适应和生存。

3. 只要不受束缚，有童心童眼童语的孩子都是诗人！江苏举行"童心里的诗篇"征文活动，请我点评童诗《邻居家的小孩》，让我再次相信自己的判断。小学生作者邢佳嘉的诗："妈妈，在您的口中，住着一个别人家的小孩。她练琴不倦，拿奖拿到手发软。她奥数天才，没有难题解不开。她乖巧可爱，从不给您添麻烦。哈哈，妈妈，告诉您一个秘密，在我的心里，也住着一位别人家的妈妈。她酷爱锻炼，总保持完美身材。她厨艺精湛，精美小菜。她人意善解，从不絮叨和唠烦。其实我俩都很平凡，但我们依然，是彼此的最爱。让我们多一些忍耐，用浓浓的爱，将小小的缺点冲淡。"此诗回响着时代之声，其妙在何处？一是妙在感性，用幽默灵动的诗歌写出母子间的冲突，写出青春期早期孩子的叛逆心理；二是妙在理性，也是更为弥足珍贵的，用少年人难得的理性之光，表达出对相互理解与彼此挚爱的渴望，从而升华了新时代的代际关系。这首小诗值得天下父母与孩子品味。

第二节　从"鸟巢一代"到"平视世界的一代"

> 他们有一种自信、一种乐观主义。你看不到愤世嫉俗，能感受到的是一种站起来勇往直前的精神，而这种精神将决定中国的未来。

一、对当代青少年的评价

"80后"被称为"鸟巢一代"，因为"80后"作为北京奥运会期间青年志愿者的主力军，让世界看到了全新的中国青年形象，成为激动人心的舆论焦点。

中国新闻社曾经发表一篇新闻评述——《"鸟巢一代"代替"独一代"》。该文说，一些"80后"中国年轻人正被冠以一个新的称呼——"鸟巢一代"。这些年轻人擅长与外国人对话且爱国心强，北京奥运会是他们人生的一段重要经历。

北京奥运会上，共有170万志愿者从事各种志愿服务工作。外国客人感受到了他们的自信和乐观，也通过他们了解了一个真实的中国、发展的中国和友善的中国。一向对中国抱有成见的日本东京都知事石原慎太郎也忍不住惊呼："北京的青年志愿者亲切而不卑不亢，和日本的大学生不同，他们对国家前途明显充满了希望，他们让人感到青春的跃动，真是了不起啊！"

奥运会结束后，英国前首相布莱尔在《华尔街日报》发表文章，谈到了他对中国当代青年的看法："这些人无论男女都很聪明、敏锐、直率，不畏于表达自己对中国及其未来的看法。最重要的是，他们有一种自信、一种乐观主义。你看不到愤世嫉俗，能感受到的是一种站起来勇往直前的精神。这不禁让我想起黄金时期的美国和其他处于上升期的国家。这些人不是生活在恐惧中，相反，他们充满希望地展望未来。尽管中国还有成百上千万人生活在贫困中，尽管还有各种各样的问题——政治的、社会的、经济的——需要解决，但奥运期间中国展现出了这种精神，而这种精神将决定中国的未来。这次奥运会的志愿者团队热情、友好、乐于助人。整个城市与我 20 年前第一次访问这里时相比完全是两个世界。人们对自己的国家及其取得的进步充满了自豪。"

"80 后"曾经备受诟病，甚至一度被认定是"迷茫的一代"和"垮掉的一代"。可是，就好像沉睡的巨狮突然醒来，进入 2008 年，他们在"5·12"汶川大地震期间的积极作为，以及北京奥运会前后的热烈参与，让人们迅速改变了对这一代人的评价。"鸟巢一代"所表现出来的气势让世界各国的人们印象深刻，媒体纷纷赞誉他们胸怀宽广、激情满怀、肯担当、有抱负，是中国的希望。

实际上，"鸟巢一代"本来就是优秀的一代人，而不是突然改好了或变好了。他们之所以备受争议，主要原因有两个：一是他们流行的某些价值观和行为方式一时难以被长辈所接受；二是他们被溺爱或管制过紧，非但没有充分施展自己才华的宽阔舞台，许多难以避免的缺陷也让社会担忧。

2022 年，北京成为了世界上首座既举办过夏奥会又举办过冬奥会的"双奥之城"，也再一次让我们看到了中国年轻的志愿者带给世界的温暖与感动。正如国际奥委会主席托马斯·巴赫致信北京 2022 年冬奥会、冬残奥会志愿者所说的那样："你们为奥运会奉献了真情与激情，你们的表现和行为真正暖人心灵。运动员感受到了你们的温暖，我们在奥林匹克社会中的每一个人都感受到了你们的温暖。"

据统计，本次赛会共录用了 1.8 万多名志愿者，其中 35 岁以下的青年人占比 94%，是志愿服务的主力军。在奥运会期间，我们听到了很多关于这个时代年轻人的故事，看到了新一代坚强勇敢、自信创新、开放包容的青年人。

冬奥会开幕式上，被称为"粉衣小哥"的孙泽宇，发自内心的"欢迎来中国"让美国运动员热泪盈眶。"那是最可爱的时刻，我此前从未感受过。"

在记者采访国家速滑馆负责防疫业务的卫民，请他说一说"00后"这一代人的特质的时候，卫民说：

> 很多人对"00后"有着负面的评价。但我想说的是，其实我们"00后"从不缺席自己身处时代的重要时刻："一夜长大"舍生忘死奔赴新冠肺炎疫情防控一线的是我们；建党百年之时在天安门广场上高呼"请党放心，强国有我"的是我们；全力以赴征战冰雪赛场为国争光的是我们；在"胸怀大局、自信开放、迎难而上、追求卓越、共创未来"中圆满完成冬奥志愿服务保障工作的，也是我们。在祖国需要的地方、在时代召唤的地方，就一定有"00后"的青春身影。我们"00后"一如百年来的中国青年，用辛勤付出传承薪火相传的红色基因，用实际行动彰显新时代中国青年磅礴坚韧的青春力量！①

记者采访北京大学团委志愿者工作部部长李晓丹，通过这次志愿服务经历，李晓丹对这群志愿者，尤其是"00后"有了新的认识："虽然他们从小到大接触的事物很多元，但是他们心中一直涌动的是本真而淳朴的爱国热情。而且这群志愿者的抗压能力和解决问题的能力都很强。"

李晓丹告诉记者，志愿者的工作细碎繁杂，难得有休息的时间，但学校很多志愿者利用这难得的休息时间拍短视频等，留下了许多属于自己的冬奥印记。"我们学校赛事服务领域的同学们拍了一个《送别》，里面有很多感人的画面，比如下着大雪，气温可能低至零下十几摄氏度，他们还在外面值守，互相帮忙、互相体谅，没有一个志愿者迟到。不分院系、不分年龄、不分学校，就因为同样穿着志愿者的衣服，大家都收获了特别的友谊。"

志愿者们饱满的工作热情也让李晓丹印象深刻。"志愿者们很爱表达。

---

① 苏悦怡. 冬奥志愿者：青春笑脸 不负韶华 [J]. 北京青年周刊，2022（5）.

他们喜欢 B 站，喜欢短视频平台，在这些平台分享作为一个志愿者所遇到的各种温暖的故事。所以我觉得他们还挺不一样的。"在李晓丹看来，"00 后"志愿者自发表达的欲望十分强烈，而且热情高涨。

长时间在气温较低的户外工作、要同时兼顾学业、不能回家过年、长时间的隔离和不间断的核酸检测……在北京冬奥会、冬残奥会期间，志愿者们克服了诸多困难。①

2022 年 2 月 19 日，《中国青年报》发表《出圈的"名场面"彰显平视世界一代的精神底色》的评述文章，描述了年轻运动员的杰出表现。文章认为，平视世界一代的从容与自信，或许正是本届冬奥会的最大遗产："它会像开幕式上那束微火一样，永远发光，余韵深长。"

可以说，当代的青少年已经从"鸟巢一代"到了可以"平视世界"的一代。

现在随着"80 后"和"90 后"一代逐渐成为父母，"00 后"甚至"10 后"开始成为教育关注的焦点，同时在他们身上也聚集着赞美和质疑两种目光。

2020 年 4 至 5 月，上海社科院对出生于 2000 年至 2006 年我国大城市的青少年开展问卷调查，调查显示，"00 后"呈现出新特点：②

第一，"00 后"群体对一些社会问题看法呈"观念分层"新特征，运用传统"社会分层"理论验证部分失效。"00 后"对重大社会事件态度、评价上，很少受到家庭经济状况、出生户籍、城市等传统社会分层解释因素的影响。

第二，"00 后"群体表现出对传统文化认同与理性爱国的情感特征，外来文化在他们日常生活中仍占据重要位置。在回答"经历新冠肺炎疫情后，我为自己是一个中国人而自豪（多大程度上感到自豪）"这一问题时，99% 的被访者表示"非常自豪"或"比较自豪"。这说明虽然"00 后"对

---

① 杨菲菲. 北大冬奥志愿服务团队：在最美的年华与祖国同行，无上光荣 [N]. 新京报，2022-04-09（7）.

② 杨雄. "00 后"群体思维方式与价值观念的新特征 [J]. 人民论坛，2021（10）：18-22.

美国文化接受和喜爱程度较高，但并不必然导致"崇洋媚外"。在问及"我认为从抗疫的过程和效果来看，中国制度比美国制度更有优势"时，81%的被访者表示赞同，19%的被访者表示中立，没有人表示反对。

第三，"00后"的传统"权威意识"渐趋淡化，明星偶像成为崇拜对象。首先，在认知层面，大部分"00后"已不会盲从或迷信"权威"。本次调查结果显示，超过80%的被访者对"父母权威不容置疑"这一观点表示反对；79%的被访者赞同"即便是某个领域的权威，说的也不一定都对"的观点。其次，在行为上，主要表现为敢于"自我表达"及质疑"权威"。据腾讯2018年发布的《00后研究报告》显示，69%的被访者在遇到不懂的问题时，询问专家后还会"自己查阅资料"；53%的被访者"会在长辈面前提出自己的想法"。对于自己不懂的问题，"00后"倾向于询问专家后再自行查证，但这并不代表他们盲目自信或不愿寻求专业帮助。本次调查结果显示，近50%的被访者表示"对于不了解的问题，我更倾向于自己寻找答案而不是询问专家或懂行的人"。此外，调查结果还显示，75%的被访者会在父母面前发表不同的观点，53%的被访者会直接指出父母或师长的错误。这表明，尽管"00后"普遍在思维方式和表达意见上已打破了绝对"服从权威"的传统，而在行为上，仍有约一半人会选择避免直接挑战权威或与之发生冲突。

第四，"00后"群体具有"热血奋斗"与"躺平佛系"二元并存的行为特征。多项大型调查表明，"00后"身上鲜明体现着"奋斗的一代"的时代特征。根据全国学联秘书处、中国青年报社与腾讯2018年联合发布的《00后画像报告》显示，89.4%的"00后"认为"成功靠奋斗"，虽说"良好机遇"和"个人天赋"也是"00后"后认为可以获得成功的重要因素，但比重远不及"奋斗"。本次调查结果再次印证了"00后"对于奋斗精神的认同，调查结果显示：超过70%的被访者表示不赞同"在决定一个人成功与否的因素中，相比于运气和家庭条件等先天因素，个人努力起不到多大作用"的说法；31%的被访者明确表示"必须靠自己发奋努力"。这表明，大部分"00后"拥有较清晰的生活目标，将努力奋斗作为实现自己人生目标的主要途径。值得一提的是，与"奋斗"精神看似相反的"躺平佛系"的行为态度近些年来也受到不少年轻人的追捧。本次调查结果显示，有42.9%的被访者表示"随波逐流、云淡风轻的佛系青年生活方式与我十分契合"。

二、当今青少年早已经具备影响成年人的十个优点

我曾经主持过中国青少年研究中心的代际关系研究课题，我们认为，成人的教育和影响仍是青少年社会化的主流，但当代青少年对成人社会化的反向影响日趋明显。生活在信息时代的孩子已经有能力影响成人世界，他们蕴藏的代际超越和进步的潜能比以往任何时代都要大。因此，学习孩子的优点，与孩子一起成长，是21世纪教育观念的重大变革。

当今青少年对父母一代的十个积极影响：

（1）接受新事物的意识和能力非常强。譬如，在了解和使用电脑等各种新事物方面，青少年起到了对父母的促进、帮助甚至指导作用。

（2）思维独立，具有批判精神。青少年对事物有自己的理解途径，评判事物的标准往往不同于父母和教师，而且还会想方设法让父母和教师接受他们的评价标准。

（3）有较强的平等意识。青少年要求自己的人格能够得到尊重，要求老师平等待人，要求父母与自己平等相处，平等意识已经渗入青少年的心灵。传统的师道尊严等观念对青少年影响很小。

（4）有较强的法律意识和自我保护意识。在现代社会，青少年不仅了解许多法规知识和法律程序，而且还懂得用法律维护个人利益，他们经常向社会索要他们应该享有的权利。

（5）热心社会活动，有较强的公民意识。青少年在参加社会活动上往往比父母和教师热心，他们常常带动父母参加一些社会公益事业。

（6）比成人更容易接受环保意识。在访谈中，有80%的老师和父母反映，孩子有较强的环保意识。有的老师甚至预言，中国的环境保护运动

会自下而上地开展起来,青少年会走在成人前面,反过来再影响父母和老师。

（7）相信事实。青少年在作出某种价值判断时，往往是以他们耳闻目睹的事实作依据，平常有些大道理不太能打动他们。

（8）做事认真。许多时候，成年人做事会圆滑一些，有矛盾则息事宁人；但孩子很坚持原则，敢于说出自己的真实看法，如果认为自己有理就会坚持到底。

（9）积极的休闲态度。在闲暇时间内，青少年选择多种休闲方式，他们更能接受那些灵活多样的游戏规则。

（10）兴趣爱好广泛。青少年的兴趣范围空前广泛，从电子游戏到制作网页，从生物揭秘到探索太空，从文学创作到国际象棋，从蹦极攀岩到野外探险……他们的好奇心与勇于探索的精神对父母产生了积极影响。

我曾经与卜卫研究员主持了中国城市独生子女人格发展研究。应当说，那次全国城市抽样调查的中小学生都是"80后"一代。调查显示，中国城市独生子女及"80后"一代的人格发展存在五大优势与四大缺陷。

五大优势：一是充满自信；二是乐于助人；三是渴望友谊；四是积极寻求发展；五是兴趣广泛。

四大缺陷：一是学习兴趣缺乏；二是勤劳节俭习惯差；三是在伙伴交往中容易伤害别人；四是在克服一定困难，取得某项成功方面的动力较弱。

我们的这项研究成果发布之后，在国内外产生了广泛的影响。

在所研究的那些孩子当中，说话、做事不顾忌别人感受，只求个人痛快的孩子并不是少数。研究发现，"80后"与当下的青少年相比依然有许多相似之处，这或许说明每个时代的青少年虽然存在差异，但很多时候也都存在着一些共同点。

根据青少年对父母与教师的积极影响，我们倡导两代人相互学习、共同成长。

孙云晓 生活感悟

1. 俗话说得好，人不可貌相，海水不可斗量。曾经北欧之行的中青旅导游梁超让我颇感意外和欣慰。这是一个头扎小辫的"80后"男导游，也是我遇到的话最多的导游，古今中外、风土人情、家长里短，甚至道德品质说来都滔滔不绝。令人刮目相看的是，他义务参与了泰国少年足球队洞穴救援。他不仅担任英语翻译，还潜入洞穴，在水下运送救生器材。这与他中小学时代一直踢足球身体棒有关，更因他有"80后"的公益情怀。他已担任导游16年，跑过140多个国家，却为不能经常陪伴妻女而自责。由于出团量大，在世界各地飞行极多。据悉，他悄悄买了一千万元的保险，以确保家人生活无忧。得知这些之后，我对这个年轻人肃然起敬："80后"成熟了，并且开始成为家庭与社会的栋梁！

2. 第一次走进位于北京东郊高碑店的文化创意园，看到许多年轻人在这里创业。也许因为邻近中国传媒大学，这里的传媒创新事业尤为红火。我是来录家庭教育节目的，主办方负责人大都是"80后""90后"，他们特别强调关注今天孩子的特点和年轻父母的需求。这让我想到，研究家庭教育，不能"沉湎"于过去的经历与经验，而要研究时代的变化与挑战，否则可能脱离年轻父母的实际需要。经常与年轻人在一起工作，心才会年轻。

第三节 一个"90后"阳光少年的启示

2011年4月7日,《光明日报》人物版以整版篇幅发表我的报告文学——《"想当政治家"的阳光少年胡俊豪》。在此分享全文,或许有助于我们了解"90后"的心路历程。

2010年夏天,上海少年胡俊豪三喜临门:一喜,当选为上海市优秀少先队队长;二喜,以602.5的高分被延安中学录取;三喜,在少先队建队61周年被授予上海市"四好少年"标兵称号。

胡俊豪迅速引起了关注,因为他生活在一个贫寒的低保之家:妈妈是安徽外来媳,没有固定工作,爸爸是下岗再就业的工人,收入微薄。

让人们感叹的是,胡俊豪不仅意志顽强,成绩优异,而且乐于助人,志向远大,是一个"长大想当政治家"的阳光少年。

"看见老人受伤了不能不管啊!"

胡俊豪出生于1994年10月17日,他的家在上海市杨浦区五角场的一个小区里。他生来爱玩好动。上小学五年级的一个假日,他约了伙伴踢足球。孩子们把小区里的花园当成足球场,把花园的入口当成球门,就像举行世界杯一样欢天喜地地踢开了。他们拼命地争抢着球,就连守门员也激动地冲上来,不知是谁飞起一脚,把球有力地射向"球门"。

就在这时,一位老奶奶颤颤巍巍地出现在花园门口,飞来的足球猛地砸在她的脸上,老人猝不及防,哀叫一声,倒在地上。孩子们一见闯了大祸,魂飞魄散,闪电般逃窜而去。

然而,瘦弱的俊豪没有离去,他快步走向花园门口,把老奶奶搀扶起来,含泪说:"奶奶,对不起,我错了!"老奶奶的脸肿了,但神志还清醒,她看了看俊豪,叹了口气。俊豪安慰道:"奶奶,您放心,我们全家都会照顾您的,我这就回家告诉爸爸妈妈。"

妈妈迅速赶来了,马上陪老人去医院检查身体,及时治疗,又买来慰问品。等这位独居的老人康复后,还帮助她把家里打扫得干干净净。第三次要陪老人去医院时,老人谢绝了,并感动地去居委会表扬胡俊豪一家,说:"我喜欢俊豪这孩子。当时,我也看不清是谁踢的球,可是就他过来道歉。"俊豪也吸取了教训,与伙伴们改为去附近的复旦大学运动场踢球。

事后,有人觉得俊豪冤屈,问他:"这球是你踢的吗?"他憨憨地笑笑:"我是中队长,就算是我踢的吧,看见老人受伤了不能不管啊!"俊豪从小跟当中医的奶奶长大,天天跟着奶奶学做家务,关心人、帮助人渐渐成为习惯。

爸爸妈妈经常与俊豪一起看电视新闻,边看边说:"咱们家的生活越来越好,这都是党和国家好啊!"按照过去的政策,孩子的户口跟着妈妈,俊豪就随着妈妈成了安徽乡下的孩子。如今,国家政策越来越以人为本,母子俩的户口都进了上海,这让妈妈对党和国家满怀感激之情。她常常掰着手指头告诉儿子:"你一上小学,户口就进了上海,每年四五千元的赞助费也取消了。你的学费和午餐费都是免交的。咱家过去的房子只有9平方米,如今赶上拆迁,换成42平米的楼房。咱家收入少,国家每个月还发给咱家600多元低保钱。"

爸爸妈妈的话,俊豪似懂非懂,但他明白,生活在这个国家是幸福的,是应当珍惜的,自己也应该多尽一些责任。据杨浦区五角场小学的班主任朱琦明老师回忆,胡俊豪同学很朴实也很细心,是一个有责任感的孩子。俊豪发现班里有些同学带饮料来学校,易拉罐随处乱扔,觉得很可惜,就带一个袋子随时回收,卖了钱当作班费使用,比如买来开展活动用的奖品和公用的墨水等,并把账目记得清清楚楚。少先队大队辅导员张石筠老师说,胡俊豪特别尊敬老师,小学毕业4年了,他年年约着同学一起回来看望老师。考上理想的高中后,他还带着苹果来向老师报喜。

俊豪的确有关心别人的好习惯，乘公共汽车不仅主动让座，还向司机叔叔阿姨问好。有一次，全家到外滩公园去玩，俊豪突然朝一个警察跑去，把父母吓了一跳，不知发生了什么事情。那位警察也以为这孩子遇到什么困难，弯下腰问他有什么事。只见俊豪端端正正行了一个队礼，笑眯眯地说："警察叔叔，您辛苦了！"那位忙碌的警察叔叔也欣慰地笑了，并且认真回礼。

"我觉得每个人都是有价值的"

胡俊豪10岁之前，一直与父母住在一间仅有9平方米的小房子里。幸运的是，这里邻近新华书店。妈妈上过高中，深知养成读书习惯的重要性。从俊豪一岁多开始，妈妈经常带他逛书店，使他渐渐迷上了看书。等俊豪3岁进幼儿园以后，他很快成为一个讲故事的能手。有一次，老师外出，让俊豪给其他小朋友讲故事，他居然连背带编讲了两个小时。

俊豪10岁那年，那一带要建造名为巴黎春天的现代购物中心，他家拆迁到了新的楼房，比原来宽敞了许多。俊豪终于有了自己的房间，只有6平方米，还堆了不少家具杂物，空间狭小得几乎只能放下一张书桌。但是，俊豪很知足，他首先放好书架，后来又在桌子上放了一盆生机盎然的文竹与自己作伴，开始在知识世界里自由翱翔。

胡俊豪的心很静，这使他养成了爱读书的习惯。"现在的书很贵，暑假里我会和他一道去书城淘些打折书。亲戚朋友都知道他爱看书，常会送些旧书来。"俊豪的妈妈说，儿子最爱看中国古代的经典之作，如《水浒传》《西游记》《庄子》《墨子》和《论语》等。他说，人生活在现代社会，就像是拿着望远镜看世界，尽管可以360度旋转，但看到的始终是一小块，而读书可以弥补这个缺憾，帮助自己发现"新大陆"，可以"养浩然之气"。

胡俊豪是一个喜欢动手动脑探索的孩子。他非常好奇,拆过家里的闹钟、电话机和收音机，甚至拆过灯泡，探究它们的构造。

姑妈看俊豪学习成绩好，送他一台自家组装的电脑。有一天，电脑坏了，无法启动。妈妈外出做保洁工作时咨询过别人，说可能是内存条有问题，送电脑城修理要花 100 多元钱。俊豪知道妈妈挣钱不容易，他说："我来试试吧。"他曾经观察过别人如何修理电脑，就按照顺序拆开电脑。经过多次尝试，他发现有些部件可能有排斥兼容问题，有一根内存条插上就出故障，于是，他拆下那根内存条，电脑就可以顺利使用了。

初三的一天，年轻的化学老师在讲启普发生器的时候，谈到固体的块状物体与液体发生反应的关系，她布置了一项作业，请同学们做一个相关的设计。同学们判断，这个作业肯定是中考不会考的内容，所以，大部分同学没有做。胡俊豪却认真完成了作业，还设计了一个矿泉水瓶形状的图。没想到，老师罕见地给他的作业打了个叉。他心有不解，马上到办公室急切地问老师："我错在哪里？"老师扶了一下眼镜说："你设计的是手动的，不是自动的。"俊豪发现老师未能理解自己的设计。

在化学课上，老师再一次讲启普发生器时，问道："谁能上台来演示一下自己的设计？"俊豪高高地举起了手。他在黑板上画了一个饮水机形状的图，上面有一块板，可以像活塞一样上下浮动。有同学质疑道："这块板会不会掉下来呢？"俊豪一边推演他的计算，一边摇头回答："不会的。可以根据需要把一部分空气抽掉，下面的压强大于上面的压强，就会支持那个板本身的重量。"化学老师欣慰地点点头，对俊豪的答案给予了肯定，说他的探索已经涉及了学生们尚未学到的知识。

老师和同学们发现，胡俊豪常常有独特的视角。英语老师朱琳要求学生们完成一篇半命题作文：——Make（s） Our School Life Better（谁使我们的校园生活更美好）。胡俊豪写道——He Makes Our School Life Better。老师发现，与绝大部分同学写师生关系和同学友谊不同，俊豪写了一位默默奉献的校工，并且在字里行间流露了真情实感：He（王师傅）——我们学校的校工，常常处理校园中维修、绿化等事务。他，作为思源校园的一员，默默地做好自己的本职工作。因为他的辛苦、负责，他成为我们的校园内一道美丽的风景线。

课后，朱老师问他选材时是如何思考的。胡俊豪回答道："有天我在走廊里和王师傅打招呼，同学反而用很奇异的眼神看我。我觉得每个人都是有价值的，无论从事什么样的工作。"英语老师高度评价了这篇文章，因为作者有一颗尊重普通人的心和一双善于发现的眼睛。

"做人要有大人格，帮助别人是应该的"

最让同学感动的是，作为一个成绩优异的学习尖子，胡俊豪不但对自己的学习方法和有关资料不保密，还热情帮助有困难的同学。他甚至公开家里的电话号码，不管什么时间，只要同学有问题需要咨询，他都会耐心解答。他是同学们公认的"及时雨"，"人气指数"很高。

胡俊豪帮助同学的方法很多。同学周原成回忆道："至今我还记得午间休息时的英语填字游戏，他看出我的英语成绩落后是因为平时不肯背单词，于是他特意去书城买来一本英语填字游戏与我一起做，激发我开动脑筋。在他的帮助下，每完成一道填字题我都兴奋不已。就这样，在浓厚的兴趣中，我的单词量得到了扩充。"

初三面临中考，到了冲刺的阶段。班主任沈建勇老师为了确保同学们考出好成绩，本想让胡俊豪和成绩不错的同学坐一起，但是下课之后，他主动去找老师商量，说要和霍某坐一起。

霍某是有音乐天赋的学生，小提琴考到10级，可在学习上困难重重。他后来回忆说："我在初中阶段的学习成绩一直都不理想，与同学们的距离越来越远，因此我对学习一直提不起兴趣，找不到自信。我有问题不懂，总没有勇气去问老师，更不好意思请教同学，怕他们嘲笑。每次考试，我总有很多科目不及格，几次都把我推到留级的边缘。"

与霍某成为同桌后，胡俊豪想尽一切办法帮他，不仅抽空给他讲题目，而且为了让他上课时不开小差、不打瞌睡，专门给他准备风油精，还时不时地提醒他。霍某说："自那以后，我对学习的态度完全改变了。当我上课开小差的时候，胡俊豪会第一时间提醒我专心听讲。每次拿到考卷，看到满是错误的叉叉和不及格的分数，我总感到自卑，产生厌学情绪。胡俊豪就主动帮我分析错题，总会轻松地对我说：'没有过不去的坎儿。'他的讲解让我受益匪浅。他还鼓励我，帮我树立信心。他的帮助使我的成绩突飞猛进。"

有时候，霍某夜里也与胡俊豪通电话寻解难题，胡俊豪不直接告诉他答案，而是启发他打开正确的思路。妈妈心疼儿子，劝他学聪明一些，帮助水平高的等于提高自己，帮助水平低的对自己没啥好处，告诉他答案就行了。胡俊豪没说话。他一天天长大，已经有自己的思想观念和做人准则，他不同意妈妈的看法，而赞赏孔子的话："无欲速，无见小利。欲速则不达，见小利则大事不成。"他是从初中教材里读到这段话的，孔子的意思是："不要急于求成，不要只看到小利。急于求成，就不能达到目标；只看到小利，就办不成大事。"胡俊豪说："做人要有大人格，帮助别人是应该的，吃亏就是占便宜。"

毕竟是青春期的男孩子，这对同桌也时常磕磕碰碰。霍某有时不服气胡俊豪那么自信，说："算你厉害，请不要自我感觉良好哦。"听见胡俊豪用粤语哼唱流行的励志歌曲《红日》，就嘲笑他"五音不全"和"走音"（指跑调）。胡俊豪只是笑笑，承认自己音乐水平不高。男孩子在一起爱起哄，大家约定，谁答错了题，就罚做50个俯卧撑。结果，有一次，胡俊豪讲错了题，被罚做50个俯卧撑，连女生都兴奋起来，纷纷跑过来数数。

在胡俊豪的长期帮助下，霍某发愤学习，成功考入上海市一所中专。他感动地说："我时常想，如果没有胡俊豪的帮助，我可能哪里都考不上，他帮我提高了成绩，树立了自信，与他同桌的日子是我初中生活的转折点，我会永远铭记在心。"胡俊豪幽默地回答："别忘了，你还欠我200个俯卧撑啊！"

"在集体里面才会有那么多兄弟姐妹"

胡俊豪作为初三（1）中队的中队长，即使到了要毕业的年级，每个月仍至少要组织中队委员会开两次会议，与队干部研究中队目前存在哪些问题，怎么解决。

思源中学是一所校风良好的初中，有许多文明制度，如清洁卫生的一日三扫，即晨扫、午扫和晚扫。班主任兼中队辅导员沈建勇做事风风火火，要求很严格。有一次，由于卫生扣分，中队的流动红旗丢了，沈老师大发雷霆，严厉批评胡俊豪。同学们都暗暗为俊豪鸣不平，因为俊豪为集体做的事情最多，是一个把集体装在心里的好队长。不过，俊豪并没有为自己辩解，而是低着头，诚恳地接受了老师的批评。

俊豪有一个习惯就是带头干。例如，中队的晨扫，在严寒的冬天，对于家离学校远的同学来说，早早到校存在很大的困难。俊豪的办法很简单，他让家远的同学与自己一个小组，他先到学校干起来，等这些同学到校后再交接给他们接着干。这么一来，既解决了晨扫安排问题，又不影响同学们的生活，只是辛苦了自己。

初中二年级，胡俊豪光荣加入共青团组织，时时处处用团员的标准要求自己。迎世博需要好环境，共青团开展团员义务清扫小区的活动。胡俊豪以极强的号召力组织团员分工负责小区的各个区域，路面上和花丛里的杂物被很快地清理了出来，就连电线杆上的小广告也考虑到了。事后他还组织团员在小区进行文明宣传，共同劝导居民不要乱扔杂物。整个活动中，胡俊豪身上显现出的热情和感召力都给人留下了深刻的印象。

谈到胡俊豪，武晓艳回忆起一件事：

"由于学业的压力，我的身体超出负荷，常常生病。一天下午，我收拾好书包离开教室，没走多远，听到有人喊我，那声音是我再熟悉不过的了。我回头一看，胡俊豪对我说：'我送你下去吧……'我很感动，因为在我离开教室的时候，有一些同学送来问候，但没有一个人像他一样追着我出教室。

"他见我很虚弱，对我说：'你把书包给我吧！'毕竟是男女同学嘛，我有些不好意思，一直推脱。他却固执得要命，把我的书包拿走。他就这样一手拿着书包，一手扶着我，一直把我送到学校门口门卫室。我几次叫他回去,他却坚持要等到我妈妈到了才离开。"

胡俊豪就是如此,无论是男同学还是女同学,谁有困难他都热情相助。他是中队里最忙的一名同学——同学之间闹矛盾,他要管;同学之中有人生病,他要关心;同学的作业不会做,他要帮助;连同学做眼保健操姿势不对,他发现了也帮助纠正。毕业时,中队辅导员沈建勇老师感叹道:"胡俊豪,老师心中的天使飞走了。"

当有人问胡俊豪为什么那样热心为集体服务时,他很灿烂地笑了,说:"我是独生子女啊,在集体里面才会有那么多兄弟姐妹,大家在一起多开心呀!"

武晓艳同学说:"人们都说'90后'是自私的,而胡俊豪却给了我们一个最好的反驳理由。他是宽容的,细心的,无私的……我很怀念和他同窗的点点滴滴,也希望自己能像他一样。"

"我的理想是做一名政治家"

"初三的走廊静悄悄,没有了曾经嬉笑打闹的孩子,取而代之的是手拿作业、行色匆匆的求学者。初三的教室充满了紧张的气氛,窗外的云卷云舒早已无人关心,只有一支支奋斗不懈的笔在墨香悠然的试卷上努力地跳跃。初三的同学是疲倦的,我们不得不每天伏案学习到深夜,第二天又要拖着疲惫的身体面对新一天的挑战。"

这是胡俊豪写下的生活记录。可是,让同学们难以理解的是,临近中考的紧张时刻,大家都在熬夜,早晨起不来,更懒得动,胡俊豪居然每天早晨都在学校的操场上跑步,一个人跑,下着小雨也跑。

其实,胡俊豪体质并不强壮。一岁的时候就营养不良,体弱多病,甚至还贫血,至今有晕车的毛病。因此,他特别注意体育锻炼,打乒乓球和羽毛球、游泳、轮滑、溜冰,还练武术。

他为什么如此刻苦锻炼呢？与他同窗4年的朱鸿懿同学道出了其中的秘密："胡俊豪是少有大志的学生。初二开学之初，他那时的成绩并不突出，可是，他竞选少先队中队委员，说咱们国家总出各种问题，他将来要当政治家，要从今天行动起来。他的话引起强烈反响，因为全班没有第二个人有这样的志向，我们都被他感动了，纷纷投他的票。可以说，远大的志向改变了他的生活。"

有人问胡俊豪："你是不是因为受国家照顾多而要报恩？"他说："滴水之恩当然要涌泉相报，但是，以是否受恩惠为条件太狭隘了，是人就应当有责任感。"他笑着讲起自己看过的一部小说——某人被困在了孤岛上，扔了一个漂流瓶，请人来救自己。他说他就是捡到漂流瓶的人，是一个有责任的人。

他写道：

> 小时候，奶奶因为肺病离开了人世。那时，我梦想要做一名医生，治好人们五脏六腑的疾病。当我长大后，看见受"三鹿奶粉"毒害的婴儿痛苦的神情，我的心被深深刺痛了。我发现，医生无法治愈所有受伤的孩子，医生也无法阻止像"毒奶粉"这样丧尽天良的事发生。我在心中"咒骂"商家的唯利是图，也在埋怨相关部门的失职。自那时起，我逐渐形成了新的理想：做一名政治家和社会学家，让人民拥有更加幸福安康的生活。

胡俊豪在另一篇文章中说：

> 我的理想是做一名政治家，我希望创造一个和平的世界。
>
> 在战争中失去父母的孩子让我担忧；红衫军的"泼血"示威让我心痛。所以我希望人与人、国与国之间相互帮助，和平相处。臭氧层的空洞让我胆寒；土地沙漠化的严重让我心急如焚。所以我希望人与

自然和谐相处，人民能居住在一个美丽的世界中。

我希望每天早晨，当我推开窗户，能看见澄碧的蓝天、轻柔的白云与明媚的阳光。我希望能在大草原上看见斑马快跑、群牛饮水的景象。我希望我能在大海中与鱼群共舞，在天空中与鸟儿嬉戏。我希望我能站在海峡的这一边与另一边的孩子挥手致意，我希望我能与外星人互发电子邮件问好。我希望所有人和平相处，我希望万物和谐共存，我希望世界的每一个明天都更美好！

墨子说："志不强者智不达。"胡俊豪的成长充分证明了这个规律：因为有了远大理想，他关心社会，敢于担当；因为有了远大理想，他勤奋学习，志在一流；因为有了远大理想，他团结同学，热心助人；因为有了远大理想，他锻炼身体，全面发展。

一个想当政治家的少年会不会习惯于说大话空话而不付诸行动呢？胡俊豪恰恰相反，他是行胜于言的。

殷希奇同学回忆说："初中阶段，我是中队生活委员，有一名女生是劳动委员。每天放学后做值日，因为照顾女生，就让女生先走，由我来负责。可是，中队长胡俊豪总是默默地留下来，与我一起检查晚扫的质量，发现有没扫净的地方就补扫，还仔细检查每一扇门窗是否关牢。"

胡俊豪的爸爸当然惦记宝贝儿子，常常开着电瓶车来学校接，可是，几乎每一次都要在校门口等很长时间，他不明白当学生的儿子为何如此之忙。

在许多家庭，一般是父母劝说孩子少玩电脑游戏。然而，在胡俊豪家里，是爸爸经常玩电脑游戏，儿子比爸爸会玩，却几乎不玩游戏，因为他要读书，要写作，要运动，还要组织各种活动，忙得没时间。爸爸感慨地说："儿子意志比我坚定，比我勤奋，也比我有责任感，我要向他学习。"

在学校里，胡俊豪除了担任班队会的的主持人外，还主持过学校的艺术节、五月歌会、爱心义卖等大型活动。在学校的各项知识竞赛，武术、艺术的展示表演中也活跃着他的身影。在学校爱心义卖活动时，胡俊豪拿出了自己心爱的玩具赛车和羽毛球拍。汶川大地震发生后,学校组织献爱心活动。胡俊豪的妈妈做保洁钟点工,一小时挣五元钱,给了他几十元捐款。胡俊豪又从自己的储蓄罐中拿出一百元捐了出去。他说:"我们也有困难,但我们至少有饭吃,有屋住,有书读,可灾区人民什么都没有了,他们更加需要我们的爱心帮助。"一个十几岁的少年的话,深深感动了身边的每个人。

妈妈为俊豪买早餐,顺便拿了一双一次性筷子,可是俊豪不用,说是要环保。妈妈不解地说:"你一个人环保有什么用?"俊豪回答:"不从我做起,从谁做起?"

中考来临,爸爸妈妈希望他考某名校附中,他却选择了理科较强的延安中学。有人不解地问:"你不是要当政治家吗?为什么学理科?"胡俊豪回答:"现代政治家既需要文科知识,也需要理科知识,许多工作都是文理分不开的。"

进入延安中学后,胡俊豪参加了模拟联合国的活动,深受触动。他说:"我要研究社会,研究世界,研究人类如何避免战争。也许,我将来首先要做一个社会学家,研究出扎实的科研成果,然后做政治家,实现和谐发展与世界和平的理想。"

胡俊豪还是一个小小少年,谁也难以准确地预料他的未来,就连他自己也在探索之中。但可以相信的是,这个少年的心里充满阳光,他稚嫩的肩上扛着责任,他正在一步一个脚印地向着美好的理想迈进。①

我赞成著名心理学家陈会昌教授的论断:"青少年是时代精神的最紧密的追随者,是市场经济社会道德价值体系的探索者和创建者。他们并非缺乏理想抱负,只不过他们的理想抱负不像我们过去那么'远大''空洞'。他们比过去更加外向,更富有激情。"我可以充满信心地说,当今青少年是自然真实的一代!是毛病多多但优点更多的一代!也是托起中国新希望的一代!历史将证明,一代更比一代强!

---

① 孙云晓."想当政治家"的阳光少年胡俊豪[N].光明日报,2011-04-07(13).

孙云晓
生活感悟

1. 当许多人还在数落"80后""90后"的毛病时，他们中的不少人已成为年轻的父母了，并且在各自的领域开始崛起。"80后"大多是中国第一代独生子女，曾被讥讽为"中国的小皇帝"。我与一些"80后"和"90后"父母交流，发现他们依然个性十足，例如反感居高临下的说教，追求平等和自由，喜欢多元化与多样选择，偏爱时尚与实用等等。显然，不研究这一代人的特质与需求，许多教育都会苍白无力，大量著述与节目可能只是制造垃圾而已。

2. 儿童是儿童最好的医生。再好的父母都无法替代同伴，因为同伴对孩子具有独特的魅力。许多父母面对一个霸道的孩子束手无策，而孩子们用最简单的办法就可能把小霸王治服："我们都不和你玩了！"所以，教育独生子女最有效的方法，就是父母们联合起来，以群治独。

第二章

在代际冲突中倾听孩子们的呐喊

当孩子们进入青春期，尤其是上中学之后，他们有一种突然长大了的强烈感觉，而与此同时，他们也发现了父母和老师的缺点。心理学的研究发现，10岁前是孩子对父母崇拜的年龄段，而10岁至20岁则是孩子轻视父母的年龄段。追求完美与现实不理想的矛盾，激发了中学生们渴望改变的强烈愿望，代际冲突也逐渐变得尖锐起来。

第一节　青春期教育最重要的原则是理解和尊重

《中华人民共和国家庭教育促进法》规定家庭教育应当符合五条要求，而第一条和第二条都是强调尊重：尊重未成年人身心发展规律和个体差异；尊重未成年人人格尊严，保护未成年人隐私权和个人信息，保障未成年人合法权益。

2016年初，中国教育科学研究院发布了《初中生家庭教育现状调查》，对于"中年危机"对孩子教育的影响进行了一些量化的分析。《新京报》记者孔悦马上给我发来邮件，表示想做一期报道，探讨一下人到中年的初中生父母应该采取哪些做法，合理平衡家庭与事业的关系，处理好亲子关系。

我这样回答了记者提出的问题：

1.在初中生的家庭教育中，父母的角色定位以及教育的侧重点较之小学应该发生怎样转变？

孙云晓：初中生家庭教育的最大特点是青春期的家庭教育，而青春期教育最重要的原则是理解和尊重。相比之下，就像奠定基础一样，小学阶段需要更亲密也更严格的教育。孩子升入初中后，一个突出的心理变化是成人感，觉得自己长大了。如果没有给予其理解和尊重，无论什么教育都可能失败。

2.人到中年之后，面临着家庭、职场、社会等各方面的压力。调查显示，近八成父母认为工作和家庭存在冲突，时间冲突最具代表性。此外，超过七成的父母会不同程度地将工作中的烦恼和压力带回家。其中，通过父母对比发现，尽管更多的父亲感受到工作与家庭的冲突，但母亲将负面情绪带回家的比例较父亲高5%。对于如何平衡家庭、育儿和工作的关系，您有什么建议吗？

孙云晓：这是一个客观存在的矛盾，因为父母与孩子都处于发展的关键期，彼此的压力如果处理不好可能发生冲突，但这只是一个方面。如果全面一些或积极一些审视，或许会发现初中生的家庭也是黄金期的家庭，因为孩子在走向成熟，父母也年富力强。如果建立良好的亲子关系，选择明智的教育策略，会给两代人留下难以忘怀的成长记忆。所以，关键在于亲子关系和父母的教育素质。

3. 亲子沟通对亲子关系非常重要。调查显示，从亲子沟通内容来看，呈现出沟通单一、泛化的问题。初中生父母与子女聊天的话题多集中在"学习"和"学校"两方面，二者合计接近五成，而这类沟通多为事务型沟通。

情感型沟通在初中生亲子间远远不足，在与子女沟通中，有27.04%的父母认为最大的困难是"孩子不愿对我说心里话"。而当初中生有心事时，愿意和父母分享的比例仅为17.87%，远远低于愿意与朋友和同学分享心事的比例（55.54%）；同样，当父母心情不好时，向子女倾诉的比例也仅为4.10%。在这组数据中，父亲与子女的情感沟通状况更令人担忧，初中生选择父亲作为情感倾诉对象的比例仅为3.44%，子女作为父亲情感倾诉对象的比例仅为2.50%，均为同系列最低比例。

您怎么评价这样的调查结果（比如正常，还是值得担忧）？对于"中年危机"父母如何增强和青春期孩子的情感型沟通，您有什么好方法和建议？父母是否应该将自己所遭遇的问题、苦恼与孩子畅谈呢？

孙云晓：如哲学家黑格尔所说，凡是存在都是合理的。初中生与父母交流少而与同伴交流多，就有很正常的理由。中学阶段是最典型的群体社会化阶段，在青春期孩子心目中，同伴关系远比亲子关系重要，所以他们亲近同伴而远离父母，甚至在父母面前倔头倔脑，而在同伴面前温和随意。父母要理解和支持孩子多与同伴在一起。自然，这并不意味着亲子关系一定会陷入僵局，因为完全可能建立理解与信任的亲子关系。另一个特别值得注意的问题，就是父母与孩子交流什么，父母的人生态度是积极或者消极，对孩子影响很大。话题多集中在"学习"和"学校"两方面，二者合计接近五成，这显然是走入误区的表现。中学生的父母需要多与孩子谈谈"学习"和"学校"之外的话题，如友谊、爱情、健康、职业等等，其中特别需要重视职业生涯规划和价值观的引领。

4. 调查显示，有超过三成的学生认为父母关系"不太融洽"甚至"很糟糕"，而仅有7.54%的学生认为父母关系很亲密。对于初中孩子来讲，父母关系对他们可能会有怎样的影响？那么，"人到中年"的父母在处理夫妻关系时有什么要注意的？

孙云晓：据我多年的观察和研究，母亲教育虽然问题也不少，但母子关系往往好于父子关系，父教缺失是中学生成长中的重大缺憾，对于男生尤其如此。很早就有专家建议，幼儿阶段家庭教育以母亲为主，小学家庭教育父母责任各半，中学家庭教育以父亲为主。毫无疑问，太多的父亲根本没有做好准备，甚至很少意识到自己的特殊责任。实际上，做好父亲是男人成熟的重要标志，也是提升中学生家庭教育水平的关键环节。

孙云晓 生活感悟

1. 2018年8月，在黄山西海大峡谷游览时，我遇见一位少女，她的文化衫上赫然写着："不接受批评。"其实，很多人都不喜欢接受批评，却只有青春期孩子会亮出自己的鲜明态度，尽管在现实生活中，他们并非完全抗拒批评。我问少女："平时真的不接受批评吗？"她羞涩一笑说："也不是，只是觉得这句话好玩。"或许可以这样理解，"不接受批评"这句话，主要是呼唤理解和尊重，而这正是对待青春期孩子的原则。

2. 应河北省教育厅邀请，我在河北电视台做过两小时直播节目，和小学、初中、高中三位校长谈开学季与家庭教育。我说，在非常时期迎来开学季,要给予孩子们更多理解和帮助,而不是高竞争和高压力。关于小学生的家庭教育,我建议从兴趣与习惯抓起,尤其要养成运动的习惯。关于初中生的家庭教育,我提出青春期教育要以理解和尊重为原则,并给学生提供职业体验机会(石家庄33%左右的初中毕业生将进入职业学校)。关于高中生的家庭教育,我表示绝不能以单一的高考代替高中教育,应重视高中生的精神成长与综合发展。最后,我给父母们如下忠告:改变孩子从改变父母开始,改变教育从改变关系开始。

3. 尊重孩子应该成为成年人的习惯。如何与孩子平等交流呢?请记住《辛德勒的名单》主角原型、波兰教育家雅努什·科扎克(1878—1942)的忠告:"我们应该屈膝,蹲下来,跟他一样高。"他的生死选择令人类动容:他毅然放弃自己能够活下去的机会,陪伴着200名孩子一起走向纳粹制造的死亡。

第二节 文化层次的差异导致陌生感

――――――

由于历史的原因，许多父母的知识结构和文化水平不如子女，而且这种差异会越来越大。每一代人总有自己的优势与缺陷。长辈应理解孩子，孩子也应该在理解和宽容中超越父母。

――――――

现在，我越来越不喜欢父母，简直到了忍无可忍的地步！

浙江某农村中学高二男生刘振华，已经与我通过几封信了。他梦想着有一天能去云游四方，写一部《徐霞客游记》那样的传世之作。因此，他选择了文科班。其实，他这样选择也是为了争口气。

他在信中说：

这是我的一个秘密。父母总和一些人说我不行，什么人老实、干不了大事、见不了大世面等等，我这样选择算是对他们的挑战吧。父母只想我考大学，有好工作，早日抱孙子。我的想法与他们有许多冲突，没法同他们交流，只好悄悄告诉您，您说我的想法怎么样？我还应准备些什么？

现在，我越来越不喜欢父母，简直到了忍无可忍的地步！就说我父亲吧，他这人思想很顽固，不易接受外界与他原有思想相冲突的东西。

举个小例子吧。上次他叫我看一篇他写的文章，我很小心地删掉其中一段和另外几句，其实，即使这样，文章仍很啰唆。谁知，父亲看了很不高兴，我一再解释也没用。

今天晚上，他给叔叔写邮件，把二姑妈家来客的事写了一大段，连来多少人、设多少桌、谁是厨师、谁洗碗扫地都详细说明。我看了信说:"叔叔不会感兴趣的,用'一切令人满意'一句话就行了。"父亲却批评我不懂事。

每次我提出的见解,或者做的事情不合他的意,他都会用大人的口气教训我。我只有不讲话,因为他是我的父亲,弄不好他会大发雷霆。

每当碰上这种事,"他是父亲"便更让人感到是一个可悲的、不可改变的事实。他虽然是父亲,却不能让长大了的儿子信服,甚至让儿子产生强烈的反感。除了长大到能离开他,还有什么办法呢?

在许多来信中,中学生们都对父母缺乏知识深表不满和遗憾。一方面,他们在飞速成长,每一天都拥抱着新的信息、新的知识;另一方面,他们的父母虽然也会进步,看上去却似乎原地不动。成长的差异加深了文化的差异,父母早已习惯了的说教越来越让孩子难以接受。

我很迷惑甚至绝望,怎么生活在这样一个家庭呢?

江苏某市初一女生修玉在信中说:

我爸爸是很辛苦,但他有时也比较可笑。

有一次,我买了英国女作家夏洛蒂·勃朗特写的《简·爱》,爸爸见了很不高兴,说我太浪费钱。他指指书架上的《三国演义》《水浒传》,一本正经地说:"这种书嘛,倒是值得买,因为子子孙孙都可以用。"

听他这么说,我不禁哑然失笑。《简·爱》是世界文学名著,影响了好几代人,难道子子孙孙就不能用吗?

每次我挨了骂,总是一个人躲进小房间,看着窗外,哼着悲凉的曲子,眼泪不由自主地涌出来。

我很迷惑甚至绝望,怎么生活在这样一个家庭呢?这难道是命吗?天啊,为何给我安排了如此不幸的命运呢?

在我的中学时代，也有过与修玉和刘振华类似的经历，也曾感到委屈。是啊，《简·爱》的价值怎么就比《三国演义》和《水浒传》低？把邮件写得简洁一些怎么不好？这体现了中学生追求完美的心理，而其思维方式是直线式的：A 是好的，就应照 A 去做，其他选择都是错的，是不可接受的。

在现代社会里，这种直线式思维有其重要的作用。当人碰到某件事或得知某个信息时，第一反应常常是正确的，但思前想后一番，又往往会放弃积极的选择，而无奈地消沉下来，不肯付诸行动，其思维方式是曲线复归式的：A 是好的，但照 A 去做可能引起麻烦，不如照老样子做保险，还是看看再说吧。

尽管数不清的事实告诉我们，习惯于曲线复归式思维方式的人，会失去许多珍贵的机会，总处于虽无风险却日趋平庸的境地，但这一类人仍占多数。

也许，这正是制约许多人有效做事的顽症之———惰性缠身。相比之下，直线式思维者固然显得头脑简单一些，风险也大一些，但成功者大都在他们中间。

当然，纯粹的直线式思维者也最容易碰得头破血流，因为他们只盯住了目标，却忽略了实现目标的手段。

让我们回到刘振华和修玉的例子上来。

他们的出发点和动机都是正确的，但之所以弄得不愉快，是对父亲缺乏理解和宽容。

父亲愿把自己写的文章和邮件给儿子看，说明父亲已经重视儿子的知识水平。父亲不接受儿子的批评，也未必就是父母的傲慢，更重要的原因是与儿子对于生活的体验和感受不同。儿子对招待客人的细节毫无兴趣，父亲则挺看重并津津乐道，说到底也反映了父亲与儿子对生活有不同的理解，也就有了处理事情的不同态度和做法。每一代人总有自己的优势与缺陷。长辈应理解孩子，孩子就不该理解长辈吗？

许多中学生视我为知己朋友，我也自认为常常站在中学生一边，替他们鸣不平。但在这里，我想对中学生们大喊一声：

在理解和宽容中超越父母吧！

由于历史的原因，许多父母的知识结构和文化水平不如子女，而且这种差异会越来越大。这是谁也改变不了的现实。我们能因此责怪父母吗？能因此鄙视父母吗？不能。

自然，理解与宽容并非意味着完全顺从父母，恰恰相反，中学生应该超越自己的父母，这是时代赋予他们的责任与使命。

具体说来，既要坚持正确的选择，又要尽量避免与父母发生争执；一旦争执起来，也不必"迷惑甚至绝望"，最好的处理是"一笑泯千仇"。

孙云晓
生活感悟

1. 我一直在反思留美北大毕业生王猛（化名）的事情，他控诉父母的万言书，可能基本是真实的。问题在于，12年不回家过春节，这只会让矛盾雪上加霜。当然，王猛与父母可能均有心理问题并且相互伤害。就总体而言，一代总比一代强，这是规律也是希望。新一代在成熟甚至超越父母的同时，应当理解和包容父母的缺陷，能力强者还可以帮助父母成长。在今天这个文化反哺的时代，尤其需要如此。

2. 一个成熟的人一定是善解人意的，而这正是教育的使命之一。何为善解人意？心理学家张梅玲教授有四句话的忠告：学习别人的长处，记住别人的好处，理解别人的难处，体谅别人的短处。她是对老年人的忠告，我想，这也很适合青少年，甚至可以说，这是青少年社会化乃至生存的大智慧。

3. 作为著名少先队教育家段镇的传记作者,我认为他的一生是发现儿童、解放儿童和发展儿童的一生。当我去上海华山医院看望这位87岁的老人时,他对我说:要改变"重儿童、轻少年"的错误倾向。他呼吁加强对初中生的理解和帮助,因为初中阶段是成长的关键期,也是薄弱期。

第三节　孩子们要走自己的路

小学时代，孩子们大都爱吹嘘自己的父母如何了不起，可自从进入中学后，他们就结束了对父母的崇拜，而进入了轻视父母的时期。与此变化密切相关的是审父意识的明显增强。

我发现自己长大了，也发现了小时候最崇拜的父母的缺点。
山东一名初一的女生王舒平在来信中说：

不知从何时起，我不再为了一根雪糕大吵大闹，不再为一部动画片着迷，而是追求一种自我的温馨：一次次向父母提出要求，我想拥有上锁的抽屉和自己的小房间；我不再和伙伴们叽叽喳喳地跳猴皮筋，而是独自躺在青草丛中沉思着；我不再对老师的话洗耳恭听，而是傲慢地回敬老师的训斥。

我发现自己长大了，也发现了小时候最崇拜的父母的缺点，因而不愿意和他们多说话，宁肯将自己的一切封闭起来，不告诉任何人，结果，苦恼越来越多……

从王舒平的自述中可以看出，初中生的自我意识还比较朦胧，对父母和教师还有相当程度的依赖。不过，等进入高中，情况就会大不一样了。

高中阶段是少男少女自我意识迅速发展的重要时期，他们对于自我的认识充满了兴趣和紧迫感，觉得自己是大人了，是独立的人了。他们强烈要求自主，挣脱成人的束缚，自由地选择自己的道路。

自然，他们此时的审美意识也达到新的水平，内容也逐渐深刻起来。

不管对方是谁，我都会照自己的想法去做的。

陕西一名高一女生田盈在来信中说：

在学校里，我算是个好学生，但我又和同年级的许多好学生不同，用老师的话来说，我的主意"太正"。

老师还是喜欢听话、稳重、老实的学生，可我做事总有自己的主见。如果我确认自己的主意是对的，不管对方是谁，我都会照自己的想法去做的。当然，有时还是要讲点"策略"的。

一天，有个男生坐在我的座位上，我要取东西，请他让开。谁知，他不但不让，反而嬉皮笑脸。我火了，猛地拉开桌子，移出一块地方，把书取了出来。

这时，一个沉沉的、冷冷的声音在我背后响起，我知道是年级主任，于是连头也没回。他说："田盈真有本事，好脾气，我还当是个小子呢。走过来才认出是个女孩子，哼！"

说罢，他冷着脸走过去。我回头扮了个鬼脸，然后捏着鼻子尖声尖气地说："小女子改过就是了！"气得他狠狠地瞪我一眼。

事后，我还是老样子，只不过不在他面前表现。我知道，他喜欢文静、稳重、端庄、温顺的女孩子——淑女型的，可我偏不！

许多人都说，女人应该有温柔、端庄的一面，但过分的温顺就是软弱，会被别人欺负，所以豪爽、豁达、大胆、热情，也是女孩子不可缺少的。因此，在我身上是七分温顺三分野性，我想这对我将来的事业成功会大有益处的。

我很喜欢这个女孩子的坦率、直爽，便给她回了信，欢迎她继续讲讲自己的经历。

原来，她生活在一个知识分子家庭，父母和哥哥都是大学生，但她并不想走上和父母一样的人生道路。

她告诉我说：

再有两年多的时间就该走进高考，我成了家里的"焦点"。其实，我并不是把上大学作为最终目标，这只不过是一种途径、一个阶梯。我不想做高分低能的学生。

我生活的环境里，90%以上的人是知识分子。每年都有些大学生进入父母的单位。这是事业单位，基本上还是"大锅饭""铁饭碗"，又没人愿去动它。

他们的工资、职称都是按年头来算。一个年轻人进去就要熬，本事没有，年头到了，也就什么都有了。所以，谁还拼命钻研？

每天，我都能从窗口看见他们三五成群地闲聊胡侃，多可惜，这大好时光！

我早就对父母发誓：哪怕去当工人，也不进他们的研究所！

田盈向我透露过，她准备干一番大事业，让父母瞧一瞧。至于发展方向嘛，她初步打算在公关、金融、城市规划、企业管理或天文和地质等方面选择。她说："人来世上走一趟不容易，不闯一闯憋屈得慌！"

田盈的思想无疑是顺应了时代发展的潮流，同时带有浓厚的浪漫色彩。对于这样的孩子，最好的帮助不是说教，而是放她到生活中去体验一番，让她自己去感悟人生的真谛。值得庆幸的是，她的父母做到了这一点。

有一年暑假，学校组织去洛阳旅行。有些父母怕路上出事，纷纷阻挠孩子参加，田盈的父母却爽快地同意了。

不料，第一天乘车夜行就遇到了洪水，大客车一下子翻进一条大河里，孩子们险些丧命，幸亏被农民救了出来。这次旅行原定往返共7天，可一路折腾，坎坎坷坷耗了14天。

谈起这次旅行，田盈感慨万千，说：

在这次旅行中，我比别人感受更深。我不但尝试了自立自理的生活，而且还有一个意外的收获——对"钱"有了深刻的理解。

临行前，妈妈只给我1000元生活费，可老师就收去600元，准备做住宿费和游览费。别的同学手里仍然有五六百元，多的有1000多元呢，而我仅剩下400元！

14天，400元，平均每天28.6元都不够，却要包括一日三餐等各项费用，这日子够难过的吧！

这还不是主要的，最让我难以忍受的，是女生们对我的议论和嘲笑。我是班长，平日里与大家都和和气气的，到了艰难时刻，她们这样对我，我难过极了。

这时，我变得格外想家，想妈妈，好几次我都在梦中流泪，但终于挺过来了。我想起了妈妈的话："有出息的人从不跟别人比物质享受。"

到了第10天的时候，其他同学由于计划不周，剩的钱和我的差不多了。这时，她们也不再对我指手画脚，"同命运"了嘛。现在想想也可悲，钱在一群少年心中竟与在大人心中的分量相同，看得那样重、那样高，这不是很残酷吗？

不过，这次旅行我的收获也是很大的。我亲眼看见、亲身体验了边远山区农民生活的艰苦与落后。许多地方没有手机信号，一个七八岁的小姑娘穿一条打着大补丁的裙子……

中国还有一些地方很贫困落后。我们这些城市少年整日幻想美妙的未来，却从未想过农村的同龄人是怎样生活的。我想，如果可能的话，应让所有城市少年都体验一下这种艰苦的生活，懂得自己的责任；不要把目光只留在炫目的智能手机前，不要让心帆只停泊在"好温柔、好美丽"的纯情港湾……生活才是最好的老师！

返回家中以后，并不用父母再说什么，田盈的心与父母贴近了，感情融洽了。虽然她生活的目标没有改变，但她对父母有了新的认识。

她说:"其实,父母待我是很好的,他们尊重我、信任我,鼓励我关心时事、关心社会,鼓励我独立思考。该知足了,毕竟是两代人嘛,经历不同啊!"

对父辈的道路选择持否定态度,不仅仅发生在田盈这样的城市少年身上,许多生活在农村的少男少女也发出了类似的呐喊。

我们还在封建的家庭中吞着苦涩的果,女孩子总是倒霉的角色。

河南农村失学少女齐丽丽在来信中说:

> 我是一只被你们忘记了的离群小雁,孤单单地在蓝天下哭泣。我是被世俗偏见逼迫离开校园的女孩子,可谁能为我讲一句公道话呢?
>
> 偶然从《少年文艺》杂志上看到您的文章,不由得对您也愤愤然了,因为您和我父亲一样偏心。您是作家,为什么不写写我这样过早失学的农村女孩子?您知道我们的烦恼和酸楚吗?我曾偷偷买过几本书,却从来看不到我们的心声。是的,社会抛弃了我们,你们忘了我们,学校的同龄人也忘了我们……
>
> 我小学毕业已经5年了。5年中,哪一天不是日出而作、日落而息?得到的却是一句:"女孩子家没用。"都21世纪了,我们还在封建的家庭中吞着苦涩的果。女孩子总是倒霉的角色,而父亲教给我的最好方法是"沉默"。
>
> 父亲太老实了,不知"得寸进尺"怎么讲,卑鄙者什么事都干得出来,你沉默,人家还以为是"理亏""默认"了。但是,面对父亲的"金口玉言",我是不敢反对的,只好照办。
>
> 其实,我心里恨父亲,可这恨中又带着可怜。我恨他在为儿子做牛做马,却叫我也做牛做马。
>
> 谁不说18岁是青春年华,可我的18岁犹如枯叶。
>
> 作为21世纪的青年,我想改变过去祖祖辈辈习惯的那种生活方

式：吃了干、干了吃，只想着能挣多少钱，什么时间为儿子盖上房子。我想拥有更多丰富多彩的精神文化生活。可是，别人听了，以为我是在讲天方夜谭的故事……

齐丽丽的路是艰难的。近些年已经出现了新的"读书无用论"，或许因为现在越来越多的大学生毕业就业难，或者毕业之后还不如那些建筑工人挣得多。所以，许多农村父母觉得孩子上学既浪费时间又耽误挣钱，特别是对很多女孩，甚至没有完成义务教育就被父母逼迫着辍学，早早去打工了。但齐丽丽毕竟觉醒了，她认为父母目光短浅、思想势利，不甘心重复父辈的路，这就有希望。这才是新一代年轻人应该具有的精神，对他们来说，只要明白学习不仅是为了挣钱，更是能够摆脱愚昧，获得终身发展的能力，才会望见幸福和自由的曙光。

农村中学生的学习条件虽不及城市中学生，但他们闯荡天下、谋生自立的欲望要强得多。也许，这是一种压力反弹现象，即封闭落后的生活使他们产生缺氧之感，便拼命想冲出一条生存之路。当他们告别父母，身无分文走进陌生的城市时，其实他们的内心承受着巨大的重压。

他们是了不起的。在中国这样一个农业大国，一旦农村的青少年动了起来，这个国家就真正活跃了，焕发出生气了。他们新的思维方式与行动方式，无疑会对父辈产生冲击力，促成一种良性循环。也只有在这种新生活中，农村中学生才会从根本上消除祖辈遗留下来的自卑感，与城里人平等地交往和竞争。农村这种新生活与新的代际关系的发展，将是当代中国极为壮观的一幕。

孙云晓
生活感悟

1. 四千多中学生自由选课的学校难免有些混乱，但新的秩序也在逐渐形成，并且催生出新的活力与思想，这就是北京市十一学校给我留下的印象之一。李希贵校长说，控制不是教育。我们必须创造一个充满自由的秩序，并让学生在这个环境中学会使用自由——一个不会使用自由的人不会具有独立的人格。

2. 中国的儿童在哪里？最大的儿童群体在哪里？无论是教育、文化还是消费，我们最常说的儿童一般是指城市儿童，这不是无知就是偏见。中央农村工作领导小组原副组长陈锡文曾经介绍说，中国义务教育阶段学生总人数1.5亿人，其中农村学生1.25亿人，城镇学生2500万人。一定不能忘记农村儿童。

3. 庆贺天下母亲和姐妹们节日快乐之时，我最深的感悟是：应像尊重母亲一样尊重每一个女孩。因为女孩可能成为母亲，而母亲的教育素养影响几代人的成长。当然，女孩有不做母亲的权利，即使如此，女性的影响力也是广泛的。所谓"女孩富养"的本质就是给女孩更多的精神滋养，而不是愚昧的溺爱。因此，那些剥夺女孩受教育权、忽视女孩发展需要，甚至虐待女孩的行为，是绝对不可容忍的！值得强调的是，好女孩的成长需要父母双方的爱，好父亲具有独特的价值。

第四节　成人的伪装使孩子感到厌恶

中学时期是道德信念形成的重要时期，是开始以道德信念来指导自己行为的时期。因此，当他们发现父母、教师或其他成年人违背这些道德信念时，往往表现出不可容忍的愤怒。

我的脾气变得怪怪的，对什么都看不顺眼，动不动就生气。
河北某县初二男生王智远在来信中就表达了这样一种心情，他写道：

自从我升入初二后，觉得自己和以前仿佛判若两人。

我有一个美好的理想：为祖国而学习，为人类而学习！真的，这个美好的理想曾给予我无穷的力量，但是，随着对生活的认识，我动摇了，因为我看见的，竟是那样地庸俗、无耻！

父母对于我的希望是将来当官，手中有权有钱。他们生活的第一目标似乎就是追求钱。我却最讨厌当官，也许这是我的偏见，但确实是生活让我有此感想。

我见到的"人民公仆"好像都是虚伪的（我认为，只有战争年代才会有真正的"人民公仆"，现在屈指可数）。这些人仗着手中有权有钱，就干法律所不允许的事。

我叔叔是一名执法人员，可在我眼里，他只是一名身穿制服的虚伪小人。真的，我恨这些人，甚至包括爸爸妈妈。虽然，我知道他们最爱我（我是家里最小的成员），但我忍受不了那些歪门邪道。

我说："我叔叔不是一名合格的……"话刚出口，就挨了爸爸一顿臭骂，他吼道："老子不给你钱，你甭想读书了，去干苦力，省得瞎胡说！"我哑然了。这是什么话？是我错了还是他们错了？

在爸爸妈妈看来，不追求权力和钱就是白读书，是傻瓜。家里人为有叔叔这样的亲戚自豪，我却感到耻辱。一次，他们又谈起了这些事，我恨不得他们全变成哑巴，或我变成聋子。

现在，我的脾气变得怪怪的，对什么都看不顺眼，动不动就生气。有时，我甚至想到离家出走。

我发觉我也有些变了，变得自私起来，这大概就是爸爸妈妈影响的"功劳"。我挺害怕，要是我真的变了，那将是多么无聊啊！理想抛弃了，自私主义在心头疯长，人能那么庸俗地生活吗？

少男少女们的眼睛犹如一部部捕捉力极强的摄像机，每时每刻都在注视着周围发生的一切。青春的热血让他们成为正义的化身，可面对现实的时候又往往束手无策，因而悲愤困惑不已。他们不仅用道德观审视父母，也审视教师，甚至对教师的缺点更难以原谅。

辛勤的园丁，多少人赞美他们，可他们配吗？

四川农村一名初中女生王晖来信说：

以前，我是一名尊敬老师的学生，我爱他们，崇拜他们。可是现在，我最恨老师！什么为人师表、辛勤的园丁，多少人赞美他们，可他们配吗？

期末考试时，班主任为了证明自己的教学质量高，竟让学生去抄！她公开说："不管你们用什么方式考，我唯一的要求是别给我丢脸。"为了方便学生作弊，她把另一位监考老师也拉走了。这位班主任在课堂上也骂过不正之风，口若悬河，义愤填膺，可这件事该怎么说呢？

信念的特点之一，是带有情感的色彩，而这种道德情感的激发，与刺激的强度及主观状态息息相关。

在中学时代,由于逆反心理的增强,当青少年的道德信念受到冲击时,会迅速地引起从未有过的激情,并可能爆发尖锐的、难以调和的对抗。这种对抗虽然并不一定会带来好的结局,但对于孩子的人生体验而言是深刻的,甚至会影响其一生。

我就是我,有棱有角。也许有一天,这棱角会被磨圆,但起码现在要横是横,要条是条。

甘肃某市初三女生席春恰好经历了这样一番磨炼。她说:

> 天下有很多奇怪的事。
>
> 从我上学开始,体育就出奇地好,常在学校运动会上破纪录。三年级入市体校,五年级出省比赛,六年级捧回全国的金牌。那时,生活对于我来说,真是悠悠的白云、清清的小溪、诗和梦的摇篮。
>
> 我这人性格很"辣"。我从不认为自己有什么地方比谁弱,在很多方面我还很傲气,总觉得别人办不到的事自己也能办。只要我下定决心的事,就算是头破血流也决不回头。天大的事,我顶多咬破嘴皮流点血,也不让泪流下来。
>
> 我就是我,有棱有角。也许有一天,这棱角会被磨圆,但起码现在要横是横,要条是条。
>
> 小学时,我什么也不懂,万事教练是上帝,我们只管拿成绩,每拿出成绩,教练就可以涨工资。现在我是中学生了,懂得了我应该属于自己。于是,如果有什么我认为不对的,便不再像以前那样顺从。
>
> 在我们运动队里,每个星期都要领营养品,过一段时间还发一次衣服。我们队明明只有七八个正式队员,教练却报十二三个名额,多领的东西每次都被他堂而皇之地拿走。运动衣穿不完他就卖掉,营养品吃不完他就送人。看到他这么自私,我鄙视他。去年发生的一件事

更使我与他撕破了脸。

一次，某部来我们市特招体育尖子，人家给的条件非常好，吃住不用掏钱，每月还给600块钱，我当然想去了。可是，人家来要我时，市体校说我不愿去，而对我则说人家不招了。

我这个傻瓜还信以为真，后来才真相大白。爸爸妈妈很生气，带我四处奔走，给我找出路。可是，每当人家愿意接收我的时候，体校便卡住我的档案，教练又说我如何不好。

我很伤心，不愿父母为我这样操心。于是有一天，我含着泪求爸爸妈妈别忙了，并且郑重宣布：我要离开体校，回中学读书，从此再也不练体育！

尽管爸爸妈妈劝我，老师也替我可惜，说我在体校哪怕混日子，上高中也绝对保送。可我偏不，我告诉他们，我就是我，我决不为自己下定的决心而后悔，即使我考不上高中，也不后悔。

人们常说："人生能潇洒几回？哪怕潇洒一回都会付出大代价。"但我就要潇洒一回，即使这两个字是用刀子拼成的，我也毫不犹豫将它接过来！

我之所以下这样的决心，是因为我觉得市体校根本不配留下我。回到学校时，不知道我心里多难受，还消沉过一段时间（我没让一人发觉），但不久又想开了。于是，天空依然蔚蓝，白云依然轻柔，为了气我们教练，我担任了学生会体育部的部长。

总之，一切一切都说明，并非什么事都是我不对，实在是外界让我承受的压力太大。世界这么大，小小的我们有多大力量去反抗？只能慢慢地承受……

读席春等中学生的来信，仿佛可以听见那青春的心怦怦跳动的声响，仿佛可以看见那一双双焦灼疑惑的眼睛，大概只有石头人才不会为之动容。我由此联想起了自己初中时代的一件事。大约是1970年冬天，我们班一名农村同学得了急病，住进了离我家较近的一所医院。

作为学生干部，我立刻意识到了自己的责任，决定送一床被子去，因为那同学无床位，只好躺在走廊里的长椅子上。可是，当我回家取被子时，爸爸却不同意，说："送走了被子，你盖什么？再说，医院那地方又不干净，传染上病怎么办？"

听了这话，我简直呆了：这是我善良的父亲说的话吗？平时让我跟同学好好团结，到了关键时刻就变卦了吗？我又气又急，一扭头跑出了家门，心里骂着："家是'私字'的老窝！"

等我从医院回来，却见爸爸夹着被子走在路上……

这件事过去了50多年，却时常浮现在我的眼前，父亲那无奈与愧疚的神情，一直让我思索着。因此，席春他们碰到的问题，也并不是一个简单的问题。

如果仅仅从是与非来判断，王智远批评叔叔虚伪，王晖批评老师弄虚作假，席春鄙视教练自私自利，无疑都是对的。在一定条件下，他们这种初生牛犊不惧虎的精神，甚至可以被表扬。

的确，他们的所作所为，正是学校教育一向提倡的，也是我们的社会一贯呼吁的。假若人人都像他们那样做，社会一定会变得更加美好。

然而，非常遗憾的是，现实总不尽如人意，就连父母也常让孩子们失望。

我在担任《中国青年报》"青春热线"心理咨询员期间，曾接到几名刚走上社会的青年朋友的电话，说社会欺骗了他们。

我问："社会怎么欺骗了你们？"

"我们很单纯，以为社会也是很美好的，却发现很多人虚伪，对别人冷漠无情……"青年人滔滔不绝地诉说着。

其实呢，社会本来就是复杂的，这是一个客观存在，而我们的教育没有真实地反映其客观存在，只片面讲光明的一面，怎么可能不让学生有一种受骗感呢？

即便说到父母与教师也不例外。小时候，孩子仰视父母，崇敬之情使他们不相信父母也有缺点；长大了，孩子的自我意识越来越强，处处想与成年人平起平坐，便开始真正认识父母和教师。父母和教师也不是圣人，而是复杂社会中的一员，怎么可能十全十美呢？纵然是举世公认的伟人，也难以做到十全十美啊！既然如此，两代人为什么不能在心理上相互宽容一些呢？

当然，心理上的宽容并不意味着对是与非界线的否定，更不是说对大人们的错误给予心理认同，只是要有勇气承认和面对这样的现实存在。显然，这正是心理承受力的一个方面。

席春一气之下离开了市体校，并发誓"从此再也不练体育"，以此表示对不正之风的深恶痛绝。少年人有如此决断的勇气，是极不容易的，可算"潇洒"了一回，但是否也可以说这是一种任性呢？

古人早悟明了其中的道理，留下一句名言："水至清则无鱼，人至察则无徒。"意思是说，水极清澈就没有鱼，责人太苛就没有人跟从他，因此对人不要一味求全责备。由此也可以总结出一个道理来：谁想在一个绝对纯净的环境里生存，谁就没办法生存，因为地球上没有绝对纯净的生存环境。席春放弃了在体育方面的专业训练，可能导致一个终身的失误，这对她本人以及对国家的人才培育都是一个损失。

从席春的信尾来看，经过一段时间的反思，她已明白了一些道理："世界这么大，小小的我们有多大力量去反抗？只能慢慢地承受……"

碰上伤心的事儿，总想立即解决是可以理解的，但有些事一下子解决不了。有些问题好比前进路上的一道道大沟，少年固然与大人一样都有填平大沟的责任，但若想一人把沟填平是难以做到的，因为少年不仅还有赶路的任务，而且即使专职填沟，少年也是缺乏经验与力量的。

偏激几乎是每个中学生都具有的心理特点，这与过渡时期的心理动荡性有关，而偏激最容易把他们引向误区。

因此，对少男少女们的偏激情绪给予理解，并引导他们学会全面地看问题，冷静地思索各种矛盾，是父母和教师们的重要任务。

当然，还是那句老话："身教重于言传。"你不是圣人并不可怕，可怕的是你装做圣人，因为中学生最痛恨假圣人！

孙云晓
生活感悟

1. 教育的核心目标是培养真正的人，说真话，做实事。面对许多名校的领导，吴青教授质问道："什么是名校？你们培养出真人了吗？学生说假话不脸红，这不是教育的失败吗？没有独立人格和自由精神，怎么可能创新？什么是真善美？只有真才有善和美。"繁体字的"说"，就是说话要兑现，信为人言。

2. 家庭德育对孩子的影响可能超过基因。在生活困难和混乱的1969年，14岁的莫言帮母亲卖白菜时算错账，多收了人家一毛钱。没想到，一向坚强的母亲第一次流泪，说感觉到极大的耻辱，赶紧让儿子给人家还钱和赔礼道歉。后来，莫言写了散文《卖白菜》，因为这件事给他留下心灵的震撼。

3. 德之所以比智重要，因为德可以为智导航，也是其动力。夸美纽斯提出德育的五种方法，即尽早开始正面教育、从行动中养成道德习惯、父母和同伴的榜样、教诲与规则、学会择友。目标是什么呢？在孩子10岁之前，让他掌握基本的道德智能，学会判断是非，坚持正确的原则，这是幸福的保证。

4. 价值观教育决定德育水平乃至人的成长方向，据葛春对美国公立学校的研究，价值观教育是德育的核心成分，价值观教育以培养公民为主要目标，以世界观、方法论以及道德品格教育为基本内容，以课程与活动结合为基本模式，以突出道德实践能力为方法，以可操作性与多元整合为特点。

第三章

爱与被爱为何变成了无休止的『战争』

中学生渴望得到爱,更渴望得到理解、信任和尊重。

第一节　溺爱软化了飞翔的翅膀

> 几只本可在蓝天里翱翔的小鸟，翅膀被糖水软化了，变成了寸步不敢离开妈妈的雏鸡，这自然是一个悲剧，是溺爱造成的悲剧。一些少年身心日趋脆弱，常常表现出怯懦、孤僻、任性、自私等畸形心理状态，这对他们的未来是真正的隐患。

山西一名 15 岁的女中学生廖怡，很愿意向我提供素材，她向我讲起同班一名男生的故事：

我们班上有个很怪的男生，既孤僻又无能，还比我们大一岁呢。他是一个独苗苗，无论什么事，爸爸妈妈都会替他做好，使他对父母有强烈的依赖性。

当我们谈起自己的将来时，他竟说："我才不用管呢，我爸爸会给我想办法的。"他父母对这宝贝儿子的确关怀备至，要什么给什么，只要几小时不见他便会到处找，好像他不是16岁而是6岁！他很听父母的话，父母让他做什么就做什么，没有一点自主性。不过，他倒是不像有些独生子女那样专横，人挺随和，与大家相处得很好。可同学们都嫌他没有爱好，什么都不喜欢干，即使稍干一点事，也是迫不得已。他自己也常说生活没意思，我们都替他发愁……

很多人以为，只有城市里的家长才溺爱孩子，而实际上，在不少农村家庭，许多家长对孩子也是十分娇惯。

我的一举一动，大人们都看得很紧。

贵州某农村中学初三女生周敏在来信中亲笔道出了实情。

她写道：

> 我的家在农村。
>
> 我们一个乡几十个村才有一个小小的书社，而我们能读的刊物更是少得可怜。听说城里倒是有很多书店，可我从来没有见到过。
>
> 从我记事到现在，到过的最远的地方就是姥姥家，几乎不再往更远处走。我曾梦想有朝一日，去城里的大书店痛痛快快地玩上一天，然后踏着月色，背着沉甸甸的、满满一书包我喜欢的书回家，可至今都不能如愿以偿。
>
> 我的一举一动，大人们都看得很紧，我并不怪他们。我知道，他们是为了我好。我也知道，如果我非要去的话，他们也不会拦我，可我不能那样做。
>
> 刚放暑假的时候，我与父母商量过进城的事。可天公不作美，不是烈日当空，就是阴天下雨，父母既怕我热着，又怕我淋着。我已经长大了，不能总让大人为我操心，不去就不去吧，等我考上高中进了城，就可以天天泡在书店里了……

读这两封信的时候，我仿佛看到了几只本可在蓝天里翱翔的小鸟，翅膀被糖水软化了，变成了寸步不敢离开妈妈的雏鸡，这自然是一个悲剧，是溺爱造成的悲剧。一些少年身心日趋脆弱，常常表现出怯懦、孤僻、任性、自私等畸形心理状态，这对他们的未来是真正的隐患。

随着物质生活条件的改善，人们逐渐从繁重的原始劳动中解放出来。原本就很少劳动的孩子，变得更加轻松舒服了。许多父母自己曾吃过苦，自然不肯让孩子再遭罪，甚至生怕他们不高兴，尽量顺着儿女，结果使孩子们普遍缺乏"劣性刺激"。

据生理学家和心理学家们分析，缺乏"劣性刺激"正是少年儿童身心日趋脆弱的重要原因。所谓"劣性刺激"，是指令人不快或不舒服的外界刺激，它对少年儿童是必需的和有益的。那么，少年儿童需要哪些"劣性刺激"呢？我认为，至少需要经受劳累、挫折、困难和受批评等方面的刺激。

劳累——除了学习之外，许多青少年几乎与劳累绝缘。家务活一般不用他们干，社会公益劳动也少之又少，甚至连走路都不多。如农村少女周敏，烈日当空也怕，阴天下雨也怕，直到初中三年级还没进过城；城市少女郑芳已经初二了，还不能骑自行车上街……由于活动量太小，缺乏意志力的磨炼，必然造成他们肢体懒散，肌肉无力，这不仅妨碍了身体的发育，还会影响智力的开发和吃苦耐劳品质的培养，这是形成脆弱自私和好逸恶劳习性的重要原因之一。

挫折——父母过分地保护，固然使孩子暂时避免了挫折，却往往会导致更大的危险。其实，让孩子尝尝失败的滋味，对其健康成长是极为必要的。为什么青少年会自杀？很大程度上是因为意志薄弱，心理承受力太低，一碰上挫折便惊慌失措。像廖怡评说的那个男孩子，时时处处都依赖父母，一帆风顺惯了，一旦遭受挫折与失败，怎么会沉着冷静想出理性的对策呢？

困难——孩子们容易幻想，容易把复杂的事情想得极其简单，除了知识不足，就是很少感到有困难的事，因为困难早被父母克服了。然而，任何真正意义上的成功，都是在不断战胜困难中获得的。困难与挫折是最好的挑战者，迎接它们的挑战是青少年终生难忘的教育。因此，有远见的父母应该鼓励孩子独立面对困难，并教给他们克服困难的勇气和办法。只有这样，才会培养出身心健康、愈挫愈勇的人才，才能适应未来激烈乃至无情的竞争。

受批评——与孩子成长离不开表扬和鼓励一样，受批评和惩罚也是必要的。现代父母喜欢宠孩子，并为了让孩子有个性，即使错了也不批评，这使不少孩子变得骄横跋扈。这样的孩子长大之后很难为社会所接纳，往往成为不受欢迎的人。其实，由于青少年社会化程度低、是非观念模糊，更需要纪律的约束和适当的批评，而不可让其成为一棵疯长的小树。

当然，让青少年经受"劣性刺激"并不简单，从孩子到父母都要有一个心理适应的过程。

谁能压抑住那青春火焰的跳动？

广东一所中专学校的女生徐丽清给我来过一封长信，谈其开始自立的生活体验。

她写道：

> 爸爸是个转业军人，刚转到地方没几年。他是个诚实、刚毅、英俊的男子汉，但对我来说，则是个威严而对子女缺少温柔的父亲。他已近50岁，依然风度翩翩，现在民政系统工作，很有事业心。妈妈是小学教师，事业心也很强，只是身体不好，常因劳累而腰痛。
>
> 我住校，每周末才回家，好想痛痛快快淋个澡，冲去校园生活给我带来的压力与烦恼，轻松地听听音乐，吃上一顿爸爸妈妈炒的菜。但是不可能。
>
> 爸爸总说："让你妈妈休息休息，享享女儿的福。你一星期才回来一次，多干点没关系。"
>
> 于是，我无论是高兴还是失意，总要顺从地走进厨房。我忘了是怎么学会煮饭、炒菜的，反正我下厨房已有5年了。
>
> 在学校里，同寝室的女孩子们，父母总会来看望一两次。可是，我爸爸的单位离这儿只有一站路，他却从不肯来看我，问我需要些什么。上个学期，他甚至不帮我把行李送到学校。当然，他自有他的道理：东西不多，自己能拿去的。于是，别的女孩子的爸爸妈妈帮着挂帐子、铺床，只有我一个人默默地干着，像个孤儿似的。孙叔叔，不是我埋怨爸爸妈妈，我只是难过没有一颗牵挂我的心……
>
> 在学校里，我努力塑造自己的形象，参加了校广播员的竞选。靠

着讲15年普通话的功底，又加上恰当的自我介绍，我成功了！可是，现实与我的理想差距太大，我的热情逐渐冷却。简陋的播音室，常常"感冒"生病的录音机，播音器早该"退休"了。其实，我很喜欢播音，和处于苦恼中的校友们说说心里话，声波免除了面对面的尴尬，让充满青春活力的歌曲回荡在校园上空，让优美的散文诗闪烁在阳光与绿叶之间……校园生活的色彩应该让我们自己选择、自己创造。谁能压抑住那青春火焰的跳动？谁又能掩盖如火如荼的感情表白，或是那柔和月光下灵感突发的朦胧诗……

可是，学校总限制我们播音员的工作，流行歌曲全成了不健康的东西，实际只多了些"Love"类的字眼。太多的压抑使我不得不对自己说："别想了，世界就是这样，忍一忍算了吧。退一步说，以你的力量，难道可以使这一切改变？"

所以，一切都在沉默中消失，又在沉默中闪烁……

徐丽清的自述形象地道出了对"劣性刺激"的抵触心理，这是很自然、很正常的。

中学生几乎难以相信，他们今天抵触的东西，也许恰恰是明天欣然接受的东西，而正是在这个由抵触到接受的过程中，他们慢慢地长大了。

从教育的角度看，应特别重视培养青少年的生存能力，其中的核心部分是：不惧怕磨难而勇于创造。

早在1972年，在提交《学会生存——教育世界的今天和明天》的长篇报告时，国际教育发展委员会主席埃德加·富尔致函联合国教科文组织总干事勒内·马厄先生："唯有全面的终身教育才能够培养完善的人，而这种需要正随着使个人分裂的日益严重的紧张状态而逐渐增加。我们再也不能刻苦地一劳永逸地获取知识了，而需要终身学习如何去建立一个不断演进的知识体系——'学会生存'。"

虽然时隔50多年，但这段论述依然是深刻的、适用的。

我们不难发现，许多高学历的年轻人生活得很糟糕，他们只顾自己，从不肯为别人着想，结果没有人愿与其合作，使其难以发展。实际上，这些自命不凡的年轻人，恰恰没有学会最基本的能力——生存。今日的中学生难道要重蹈覆辙吗？这自然也值得成年人三思。

> **孙云晓**
> **生活感悟**
>
> 1. 据悉，瑞士的婴儿从一岁开始，许多托儿所的老师就不再喂饭了，而是教孩子自己吃。北师大学前教育专家梁教授认为，学会自己吃饭，减少依赖性，培养独立性，孩子才可能具有创造性。关颖研究员说，让孩子自己吃饭是尊重儿童发展的权利。实际上，溺爱孩子是一种权利的剥夺。
>
> 2. 完全可以相信父母的爱是诚挚的，但是，对孩子可以做到的事情包办代替，不是真正的爱，而是溺爱。包办代替是对孩子的不信任和不尊重，甚至是一种剥夺，剥夺了孩子自己成长的机会。如果在实践中有了成功的体验，孩子不仅本领提高了，信心也增强了，他才会拥有快乐的生活。
>
> 3. 在我采访过的所有名人中，最令我难忘的就是冰心。那是1991年的夏天，她从自己的亲身经历谈起，也批评了一些社会现象，认为溺爱孩子不是健康的母爱。她给我的忠告是"让孩子像野花一样自然生长"。后来，她还给我写过一封信，谈"有女万事足"。好的教育一定是人的解放而不是枷锁。

第二节　没有尊重的爱是一种伤害

一个缺乏知识与经验的园丁，虽然起早贪黑地修剪树枝，结果却把树弄伤了，甚至危及了树的生命。我们是该表扬他的勤奋，还是该批评他造成了恶果？

妈妈的爱让我一天比一天更感觉到活着的沉重，我觉得自己快走向反面了。

辽宁一名女中学生蔡英英在给我的信中激愤地说："妈妈不是上帝，我不是上帝的奴隶，我也不是小狗小猫！"

她为什么如此生气？请读她的来信。这封信由于较有代表性，2022年1月23日，中央电视台在《依法带娃必修课》之二《尊重之法》节目开头，由一名女生读了该信。

早就想给您写信了，可整整一个假期都被一些无端的争吵代替了，我也不知道为何老和妈妈争吵。

我不认为妈妈不好，可又觉得她太无理了。假期中收到同学的微信留言，她非要看不可，我不给她，她就大吵大闹，说了好多难听的话，真气人！妈妈怎么能这样呢？难道我的交往自由都得由她来管着？我和妈妈关系不好也许就由于这些吧，妈妈总以为她一切都是正确的，一开口就骂我不争气。

考试失败后，我常常受到讽刺挖苦，妈妈竟连我的一次失败都不能理解！我知道妈妈非常爱我，可她只是在物质上给我百般关照，却不知怎样把更深层的母爱给孩子。妈妈的爱让我一天比一天感觉到活着的沉重，我觉得自己快走向反面了。妈妈在家中是很辛苦的，我不想惹她生气,骂我一两次也就忍了,可她天天既唠叨"又嘲讽"让人怎么受得了?

有时候我好恨妈妈,可这种恨总持续不久就被淡化了,因为我无法抗拒妈妈给予我生活上的关心。有时候,我许久不想见妈妈,不愿跟她说话,心里却责备自己——妈妈对我很好呀。瞧,我就是这么矛盾!

在生活中,有这种矛盾的中学生相当多,其中女中学生又占多数。即使不是独生子女,随着生活水平的提高,溺爱孩子的现象也越来越普遍。

父母对我的管束我可以理解,但他们太过分了!我越来越讨厌他们,我们两代人的心早就相隔甚远了。

上海的女中学生邹琪在信中写道:

我们中学生早就有自己的一套想法了,在父母面前却要装出乖乖的样子,不敢暴露任何"不妥的"思想,连看国际新闻也不敢做"挺狂的"评论,否则父母就会轮番给我"上课"。

我没有一个真正了解和理解我的朋友,心爱的日记早已不属于我个人。为了对付父母,我准备了两个日记本,一本专写豪言壮语,另一本才是我的心声。当然,把豪言壮语送给父母,让他们心满意足,而把心声留给自己。

说起来,父母对我的管束我可以理解,但他们太过分了!我越来越讨厌他们,我们两代人的心早就相隔甚远了。

举例子说吧,我听听流行歌曲,他们说是"靡靡之音";我出去玩,他们也要刨根问底调查一番,看我是不是和男生在一起;最不能容忍的是,他们发现我有两张新加坡男歌星的照片,发现我在同学录上"最想去的国家"一栏填的是新加坡,竟骂我:"贱骨头,就喜男歌星！"我又生气又委屈，一个人跑到公园里哭了一场。

有这样的父母，我真难过。这些话我只对您说了，因为我没有可以信任的人……

当分析上述亲子冲突的时候，曾有些著名人士替父母们开脱，其主要观点可以概括为两个方面：第一，父母虽然专制了一些，根本的出发点还是爱孩子的，因此，孩子应谅解大人；第二，如今的社会环境复杂，父母不管得严一些怎么行？等孩子长大了就会懂得父母的一片苦心了。

我认为，这些观点貌似有理，但若从深层剖析开来，则根本是错误的见解，是十分有害于代际关系发展的观点。

固然，父母们是希望孩子们幸福的，但希望能代替实际手段与结果吗？一个缺乏知识与经验的园丁，虽然起早贪黑地修剪树枝，结果却把树弄伤了，甚至危及了树的生命。我们是该表扬他的勤奋，还是该批评他造成了恶果？这难道还要讨论吗？两代人之间出现矛盾，又迟迟难以解决，归根结底，责任主要在父母一方。

2015年9月14日《江淮晨报》报道，合肥肥西县一17岁女孩不满父母对其过度管教而与父母发生纠纷，一气之下爬出窗外欲跳楼轻生。民警接警后赶至现场，女孩并不配合救援，反而不停地掰民警的手想要挣脱。最后，消防官员用安全绳索将女孩安全固定住，才将其救回。

在家庭教育中，很多父母把严格管教看成是对孩子的一种关心，并抱着"你将来就会明白，我这是对你好"的信念。实际上，父母的确需要对孩子严格管教，同时需要理解和尊重，过度严苛地控制不利于孩子形成未来生活的幸福感。

伦敦大学学院的科学家发表在《积极心理学》期刊上的一项研究发现，父母的控制行为和孩子以后生活中的心理健康问题之间存在关联。父母控制欲过强对孩子幸福感造成的负面影响，竟然与痛失至亲对人们产生的负面影响程度相近。与生活在较大支持且控制较少的家庭环境中的孩子相比，被父母管束过多的孩子并不快乐。

研究人员通过对 5000 余名 1946 年生人进行长期的跟踪调查，发现那些表示童年时被父母侵犯过隐私或自己的独立意识被父母打压过的人，在他们青少年时期、30 多岁、40 多岁，甚至 60 多岁时进行的总体幸福感测试中得分较低。因为儿童时期的经历对发育中的大脑会产生深远的影响，所以童年不自由、不快乐的经历可能会影响孩子一生。

父母是孩子生命中最重要的人，很多时候，他们自以为知道什么东西对孩子是最好的，但孩子可能不这样认为。现实生活中，好多孩子在抱怨，他们必须按照父母规定的路线走，他们要完成父母未完成的梦想。当父母说出"我是你爸（妈），你必须听我的"之类的话时，孩子的内心往往会涌出厌恶感。

父母要把孩子当作拥有独立生命的个体对待，在与孩子相关的生活中，多征求孩子的意见，尊重他们的选择。很多父母把自己的意愿强加给孩子，不自觉地把他们当作是自我的延伸，这种意识会潜在地操控孩子的生活。如果孩子不能做真正的自己，就很难做到自我的成长，将来也很难找到自己的快乐。

所以，建议父母记住 UCL 医学研究协会梅·斯塔福德博士的话："侵犯孩子隐私、不愿意让孩子自己做决定以及助长孩子对父母的依赖等行为，其实都是对孩子心理上的一种控制，这会削弱孩子的自立与自律能力，也是父母需要警惕和避免的。"

就我们国家来说，已专门制定了《中华人民共和国未成年人保护法》。联合国通过了《儿童权利公约》。这些都是对未成年人最根本性的保护。但是，在了解这些法律条文的同时，我们也应该了解自己的父母，认清自己在解决代际冲突中的责任。

通过以上分析，中学生可能会受到鼓舞：到底有人替我们讲句公道话了！是的，你们应当非常清楚：父母实行专制主义是错误的，是可以反抗的。《儿童权利公约》在序言部分就指出："为了充分而和谐地发展其个性，应让儿童①在家庭环境里，在幸福、亲爱和谅解的气氛中成长。"有了这一信念，父母如果再从肉体或精神上虐待你，你就会明白自己是在承受一种错误的折磨。

但是，我仍然要提醒中学生朋友，你们既有反抗父母专制的正当权利，也有理解父母、帮助父母的神圣责任——这是一种真正博大的爱，是当代中学生真正值得骄傲的胸怀。

孙云晓 生活感悟

1. 亲子关系问题是家庭教育的首要问题。那么，儿童健康成长需要什么样的亲子关系呢？北师大心理学家陈会昌团队24年的跟踪研究发现，主动性与自制力是青少年优质发展的突出特点，也是健全人格的核心要素。成长与教育都是有规律的。美国心理学家发现了亲子关系有权威型、专制型、溺爱型和忽视型等基本类型，而权威型（既理解尊重又严格要求）对孩子发展最为有利。显然，良好的亲子关系应有以下特点，如父母的爱心陪伴与理解尊重，确定规则并养成习惯，坚持积极的解释风格等等。同时应注意父母的榜样作用，以良好的夫妻关系影响亲子关系。

2. 又一起亲子悲剧发生了！在我的家乡青岛，45岁的优秀女律师被15岁女儿勒死！细节不宜详说，但母女因爱生恨甚至结仇可能是主要原因。多年前我曾预言：谁家有个青春期的孩子，等于有一颗不定时炸弹。因为人在青春期脑发育不充分，往往容易冲动且难以自控。所以，与青春期孩子相处的第一原则是理解和尊重，关系好坏决定教育成败。可是，许多父母忽视这一点，尤其是较为专制的或有成就、有地位的父母，常常

---

① 《儿童权利公约》中的"儿童"指的是 18 岁以下的任何人．

无法接受孩子的"不争气",更难以容忍孩子的叛逆,冲突便如火山爆发。其实,教育家早有建议,10岁前严管,10岁后宽松,这是睿智的原则。我给父母们的建议是:一定要相信和尊重孩子!改变孩子从改变父母做起,改变教育从改变关系做起。

3. 鲁迅、巴金等作家对封建家庭的批判直至今日都有深刻意义。因此,弘扬优秀家训绝不是为了复活封建家庭,而是要建设现代家庭。如中国伦理学会名誉会长陈瑛研究员所说:"我100多岁的老母亲非常痛恨旧家庭的伤害,我们要建设自由平等的幸福家庭,不是恢复等级森严的专制家庭。"

第三节　封建专制会使青春的心流血

法律观念淡漠的父母们，一般来说，宗法观念反而很强，即把孩子视为家庭的私有物，爱怎么处置就怎么处置。他们这种专横的态度，自然会引起孩子激烈的反抗，甚至可能导致难以挽回的悲剧。

妈妈太不讲理，不允许我们说她有错，否则就是不孝。
山东曲阜一名高一女生陈玉来信说：

今天，妈妈打了我，用脚踹，用手掌打头，哼，好狠啊！我就坐在那儿不动，张着大嘴哇哇地哭，真是泪如雨下。

你问我多大？16岁，不是小孩子！可妈妈太不讲理，不允许我们说她有错，否则就是不孝。

以前，她打我骂我，我忍着，可人的忍耐是有限度的。如果是我的错，我绝对不吭声，可不是我的错，也要让我忍吗？忍忍忍，不忍了！

我跟她讲道理，她尖声大骂——她有泼妇习气，说我想气死她，她死了我就过年了等等，把乱七八糟的事全扣我头上。

我听气了就顶两句，并且大喊："你打吧，打死我吧！"

事后想想真悲哀，我的命运怎么会这样……

我觉得父母太可怜了，他们爱女儿，却不懂得怎么爱，结果爱导致了恨。
浙江宁波初三女生刘虹来信说：

父母只关心我的学习和吃饭睡觉，在这方面他们是天底下最好的人，可他们不关心我需要什么，根本不尊重我。我稍微做错了什么，就免不了一顿打，弄得我的心都麻木了。

在学校，老师给我的评价是活泼；可在家里，我不愿讲话，因为稍不留神讲错了什么，一个巴掌就扇过来了。

吃饭时，成天都是大专啦、大学啦，翻来覆去总这几句话，背都背熟了。他们一提起这些，我的肚子就饱了，15岁的我每顿只能吃半碗饭，害得我这么小就有了胃病。

我觉得父母太可怜了，他们爱女儿，却不懂得怎么爱，结果爱导致了恨。有时他们打我，我真想去死，可又缺乏勇气。

我明白了，那些自杀的人并不脆弱，因为死也要有勇气。像我这样活也活不好、死又死不成，是最可悲的！

读刘虹的信，我想起了被母亲活活打死的青海女孩夏斐，她们的经历差不多。

从小学一年级至五年级，刘虹的学习成绩在班里总是第一，职务也从小队长、中队长升到大队长。进入初中后，她的学习成绩下来了一些。她说："我好像一面五星红旗，徐徐上升，缓缓降落，生活得越来越吃力了。谁要是说学生不看重分数，那准是假话，我把分数看得比什么都重要，天天都在拼命，可父母怎么还那样狠地逼我呢？"

孩子被父母打死或逼死的悲剧，随时都有可能发生。与此相关，中学生想自杀或离家出走的人数，一直居高不下。

2015年9月9日《兰州晨报》报道，甘肃省白银市发生一起疑似学生自杀事件，死者系靖远县某中学初中学生，造成其自杀的原因，可能是其之前和父亲发生了争执。

9月5日，靖远县东升乡村民马某电话报警称，该村水窖里面发现一具尸体，请求出警。警方赴死者家中进行调查。经查，死者马某系靖远县某中学初三学生。

原来 8 月 26 日学校开学后，马某向其父亲提出到校外租房子居住的要求，但是考虑到安全问题，其父并未答应。之后，父子俩为此发生争执，马某声称，如果不让租房，就不再念书。当时，正在气头上的父亲随口说："不念书就收拾东西回家。"

然而让家人没有想到的是，27 日，马某骑上家里的电动车离家出走，之后再也没有回家。随后，家人四处寻找，并张贴寻人启事，直到最终发现尸体。

中学生的出走和自杀倾向，一直是特别让父母和教育工作者头疼的问题，也是代际冲突中的极端形式。据多国调查发现，自杀是导致 15 岁至 19 岁青少年死亡的主要原因之一。这值得父母们警惕。

在对青少年自杀原因的研究中发现，一个重要的因素是成人给了孩子太大的学习压力和过高的期望。学习成绩越差，自杀相关行为报告率越高，原因可能是中学生学习成绩越差，挫折感和无价值感越强，越容易走向极端（如自杀等行为）。

中学生有一个显著的心理特点，即动荡性。他们思想敏感却又控制力差，爱走极端又不善于调节，敢作敢为又盲目冲动，一旦受挫，心理承受力又低。从上面几个中学生反映的情况看，虽然并未发生什么惊天动地的事，却已使他们脆弱的心流血了。

1992 年暑假，我正在家中创作长篇小说《握手在 16 岁》，接到单位的电话，说一名外地女中学生来找我。我一惊：又是一个出走的少女？

见面发现，果然是出走的女中学生——她从山西某市来，高二，穿 T 恤衫和短裤，微红的脸庞上尘土一片，亮晶晶的眼睛闪动着询问的光，脚上却穿着一双拖鞋！

"你穿着拖鞋就跑出来了？"

当时，社会上并不流行穿拖鞋。听我问起拖鞋，她有些不好意思地说：

"从家里溜出来后，才发现忘了换鞋，想回去换，又怕被父母扣住，只好这样上路了。"

她是从广东《少男少女》杂志上读了我的文章，找到北京来的。

我一边为她切西瓜一边思忖：她碰上什么灾难了呢？可是细细一聊，原来为了一件小事——在她 17 岁的心中却是一件不得了的事。

我暂且称她为小 A 吧。小 A 的同桌小 B，是名才华出众的男生。小 A 有些崇拜小 B，也有一丝丝爱慕，但小 B 对别的女生也不错，并不很在意小 A，这使小 A 有些怅然。

小 A 总想以自己的才能引起同学的注意，可有小 B 在，她摆脱不掉一种压抑感，每每不成功，也不自然。

更麻烦的是，恰在此关头，班主任在班上提醒大家说："同学们的年纪还小，注意不要发生早恋的问题。"小 A 顿时心惊肉跳，以为老师在批评自己。回到家中，偏偏父母也唠叨此类话题，小 A 更有一种四面楚歌之感，惶惶不可终日，于是便逃了出来。

听完她的叙述，我松了一口气，开始帮她作具体分析。只一会儿，她的情绪便缓和下来，脸上露出了笑容，谈吐也轻松了一些。

也许她明白过来了，事情并没有那么糟糕，只是自己太紧张的缘故。即使大人是在提醒自己，她也并没有做什么坏事，权当忠告就是了，况且还不一定是说自己；对小 B 的崇拜是暂时现象，要相信自己总有一天可能会超过他，等等。

我还对她说："中学时代以为天要塌了的大事，长大后很可能一笑了之，因为这世界很大，路很多，摔个跟头没什么了不起，希望依然存在。"小 A 卸下了心理负担，决定逛逛北京城再回山西。

我怕她父母着急，催她早些上路，她倒变被动为主动了，调皮地说："我要是马上回去，非挨揍不可，拖两天，把父母拖慌了，我再回去，他们就不忍心揍我了。"

瞧，孩子真是研究大人的专家，她把父母心理揣摩透了！

不久，我收到了小 A 自山西某市的来信，知道她一切回归正常，也就放下心来。

联系小 A 的经历，再结合上面几封来信，我有一个特别强烈的感受，即中学生太需要一个倾诉的对象了！如果论起中学生出走和自杀的原因、特点以及预防对策，可以写出一部厚厚的专著。但是简而言之，是缺乏与他们的心灵沟通，使这些受挫的中学生们不堪重负，只好走向极端了。

中学生均处于青春期，而青春期是精神疾病或心理障碍发生的高峰期。

以往的研究结论过于强调中学生心理的闭锁性，即内心世界日趋复杂，开始不大轻易袒露真实心迹。实际上，这只是一个方面，中学生心理同时具有远远超出成年人的开放性特点。

关于这一点，几万个中学生向我勇敢地诉说内心隐秘，甚至有些中学生将视为超级秘密的日记也寄给了我，就是一个极有力的证明。

当然，任何事情都是有条件的，只有中学生认为你是值得信任的并能理解他们的，他们才肯毫无顾忌地道出真情。

代际沟通的最好办法之一，是让每个中学生都有一位或几位值得信任的成年人朋友。这些成年人朋友应具有以下五个特点：（1）熟悉和理解中学生；（2）有丰富的人生经验和良好的品质；（3）肯为中学生保守秘密；（4）与中学生联系方便；（5）作为朋友，必须是中学生愿意接纳的。

自然，父母和教师最适合也最应该充当这一角色，却未必被中学生接纳，只能尽力适应这个角色，而将充分的选择权交给学生本人。同时，在对中学生的态度上，应特别尊重中学生成年人朋友的意见。

当然，同龄人朋友的作用是极为重要的。

调查表明，当遇到麻烦的时候，40%的中学生会找自己的同学和好朋友交流。同龄人朋友具有天然的优势，同样的年龄、同样的经历、同样的角色以及同样的命运，使他们特别容易沟通交流，加上经常在一起的便利条件，时常会形成一个个非正式小团体。

按照只要能够倾诉即可缓解内心压力的规律，同龄人朋友同样具有阻止中学生出走或自杀的作用。

但是，同龄人也存在两个弱点：一是同样爱冲动和偏激，有可能为中学生走极端"推波助澜";二是毕竟阅历有限,在关键时刻帮不上太多忙。

尽管如此,同龄人朋友仍是不可缺少的。在观察比较中可以清楚地发现,凡是决意出走或自杀的人,大都是缺少知心朋友,独自一人承受不了内心的压力,才以极端方式试图解脱。也就是说,他们往往是在一种孤立无援的状态下产生了绝望的念头。

随着网络信息技术的发展,特别是智能手机等终端的普及,当今青少年有了越来越多的沟通渠道,QQ、微信等即时交流工具,已经在一定程度上代替了书信和电话。孩子内心的烦闷不仅可以跟同伴倾诉,还可以在网上论坛、贴吧等虚拟世界里发泄。

但是,便利的沟通技术并没有完全解决青少年心理健康的问题。在2010年,中国儿童中心发布了《中国儿童的生存与发展:数据与分析》,报告显示:我国17岁以下的少年儿童中,至少有3000万人受到各种情绪障碍和行为问题的困扰。5.2%的儿童存在明显的人际关系敏感、抑郁等心理健康问题。中国科学院心理研究所发布的《中国国民心理健康发展报告(2019—2020)》(2021年由社会科学文献出版社出版)指出,全国中小学生存在不同程度抑郁症状的总体比列超过24%。

网络的普及所带来的青少年网瘾、色情信息泛滥等新问题,更是近些年让父母和老师头疼的问题。

所以,解决青少年的心理问题,关键还需要在现实中帮助其建立社会支持系统。

特别是对父母而言,要注意与孩子建立良好的亲子关系,孩子从出生到上小学这段时间更多是与家人在一起,父母能否给孩子一个幸福快乐的童年,很大程度上决定了孩子以后是否具有安全感,能否积极乐观地面对以后的学习和生活。

作为未成年人,中学生与父母生活在一起,与父母的关系自然会对其成长产生重大影响。

马卡连柯说:"没有父母的爱所培养出来的人,往往是有缺陷的人。"

心理学家认为："感情是人际关系最重要的基础，是人际关系的稳定性、深度、亲密程度的主要调节器。"实际上，与父母的感情一直是中学生热爱人生的重要因素。假如父母与孩子双方均主动一些，多一些理解与宽容，是完全有希望化干戈为玉帛的。

静下心来与父母谈一谈，竟有许多意想不到的收获。
四川重庆高一女生沈玮给我的回信，恰好描述了这样的过程：

> 真高兴能收到您的回信，犹如冬日的阳光暖暖地照在我身上，我一下子感到您离我好近好近。
>
> 您说得好："人生在悟。"我初中时常与父母发生尖锐的冲突，尤其和爸爸，仿佛他是我的仇人。我常和他因一句话不和而冷战，有时竟一星期不说话。那时，我在与友人聊天和日记里，常抱怨父母太"迂"，太啰唆，管头管脚……一心想离开家。
>
> 最近，我开始强迫自己静下心来与父母谈一谈，竟有许多意想不到的收获。在谈话中我才知道，父母心中拥有和我一样丰富的世界，他们也和我现在一样拥有过青春。
>
> 听听他们经受的曲折经历和多难的青春，我才发现以前的自己是多么浅薄！从那一刻起，我在心里暗暗发誓：好好珍惜这个家，珍惜在父母身边的日子。

试想，有了这样和睦的家庭关系，纵然经受一些挫折，中学生又怎么会出走或自杀呢？

孙云晓
生活感悟

1. 明智的父母培养孩子自信、兴趣和习惯，而不是给孩子压力、专制和打骂。脑科学家洪兰博士根据研究结果提出，强大的压力会永久地改变青少年的大脑结构，心灵不自由的感觉能影响神经元的发育。何为压力？超越孩子的能力范围就是压力。因此，期望与要求应在孩子力所能及的范围内。

2. 为什么教师、医护和公务员成为自杀学生父母的前三位？难道他们的教育素质不高吗？可能的原因至少有二：一是他们有些人对孩子的期望过高，即使不用语言表达，孩子也会感受到压力；二是他们有些人更像老师，而不像父母，家庭更像学校而缺乏生活情趣。实际上，正常生活的孩子很少会选择自杀。黄侃老师在留学生女儿自杀后的沉痛反省，值得天下父母，尤其是教师、医护和公务员父母三思。

3. 悉尼大学对澳大利亚3450名中学生的研究发现，在学习动机和学习成绩方面，父母和教师的影响较大；在社交中获得幸福感和在学校的快乐程度方面，朋友的影响较大。这或许启发我们，中学生的健康成长需要寻求多种力量的平衡，既坚持父母与教师的引导，又尊重孩子与同伴的交往。

第四章 孩子最需要『有温暖的家』

社会的大变革触发了家庭内部潜在的矛盾,父母争吵乃至离异的动荡,给中学生带来巨大的心理压力,他们被迫作出痛苦的抉择。

第一节　父母离异冲击着孩子的心灵

无论父母如何争吵，甚至是选择各奔东西，都必须以保证孩子的正常生活为前提，这是法律的一贯精神。不过，虽然有法律与道义的存在，家庭关系的破裂难免给孩子造成心灵的创伤。这也许正是悲剧的一部分。

根据《2019年民政事业发展统计公报》，2019年全国共依法办理离婚手续470.1万对，比上年增长5.4%，离婚率为3.4‰，比上年增长0.2个千分点[①]。这意味着自2008年以来，至2019年，我国离婚率已经连续11年呈递增状态，"80后"和"90后"正在成为离婚大潮中的"主力军"。有人分析认为，夫妻沟通方式有差异而激发矛盾是离婚的原因之一。

一个感情破裂的家庭如同将要倾覆的鸟巢，小鸟们自然战战兢兢，心中祈求平安。为什么会是这样？据中国青少年研究中心2015年的调查显示，使"00后"产生幸福感的因素中，排第一的是"有温暖的家"（59.4%），其次是"有知心朋友"（46.9%），而"有钱"（2.4%）、"有权有势"（1.9%）、"享受"（1.0%）[②]均占比不大，可见孩子们非常清楚什么是真正的幸福。北师大2018年对18万中小学生的调查也有类似的发现，数据显示，八年级学生比四年级学生认同"有温暖的家最重要"的比例高出10个百分点。

孩子不能失去母爱，"没妈的孩子像根草"，爸爸，您不会希望我们像草一样吧？

黑龙江某县职业高中女生陈旭来信说：

---

① 2019年民政事业发展统计公报[R].中华人民共和国民政部，2020：14.
② 中国青少年研究中心.从"90后"到"00后"中国少年儿童发展状况调查报告[M].北京：中国青年出版社，2016：15.

我长这么大，从未和我爸爸说过真心话。我恨我爸爸，因为他对我妈妈不好。

他们结婚近20年了。从我记事起，他们就时常打架。特别是爸爸喝了酒后，妈妈必须好好待他，稍有不周，就打起来。在亲友的劝解下，他们往往以两败俱伤收场。那时，我们4个孩子都很小，只会站在他们旁边哭。

现在，父母打架的次数少点了，但每打一次，都比以前厉害得多。我们虽然长大了，但劝这个、劝那个都无济于事，我的心凉了。

我是长女，弟妹们小，我的痛苦比他们更深。有时，我甚至想过离家出走，可是理智让我不能冲动。为了这个家，我有责任做他们的工作，努力成为沟通他们心灵的桥。

我现在虽然住校读书，但还是常惦记着家里，怕家里再起风波，发生意外。

我有很多话要对爸爸说，可我又不敢，但我要对您说。我把想对爸爸说的话写成一篇日记，寄给您看一看，如果能刊登出去，请用我自取的名字——陈旭，因为我害怕爸爸看见我的名字。

在这篇题为《说给爸爸的话》的日记里，陈旭写下了不少她平日里藏在心底的话：

爸爸，请您不要这样对我说："我和你妈妈之间的事，你不要管！"我怎么能不管呢？我深知您和妈妈的结合使您的心灵受到极大的创伤，因为您与妈妈之间根本没有感情，或许是只有"恩情"。她为您生儿育女，侍奉两位老人，与您在人生的旅途中共同生活了二十载，您的言行却让她伤心。

您打我妈妈，骂我妈妈，瞧不起我妈妈。作为女儿，我还是想为妈妈说些公道话。

在你们婚后的二十年里，为了您的事业，为了这个家，为了这四个娃娃，妈妈默默无闻地奉献着，从不计较得失。难道就这一点来说，她不值得您爱吗？妈妈是人，是普通的女人，她有自己的人格和自尊，虽说文化程度极低，却不能容忍别人不尊敬她。您没给予她爱，没给予她温情，这对她来说，精神该有多空虚！每次你们打完架，我们这些儿女都十分紧张，因为害怕妈妈有个三长两短。孩子不能失去母爱，"没妈的孩子像根草"，您不会希望我们像草一样吧？女儿在异地求学，心里却惦记着家。

爸爸，为了女儿能安下心来学习，为了您和家人的希望，女儿恳求您温柔些，多体谅妈妈。您没看见吗？妈妈的额头上又添了些皱纹，青丝里又多了些白发！我们爱妈妈，然而她更需要您的深沉、执着、温柔的爱。

为了这个家，您千万别再让妈妈伤心了，好吗？也许，您认为女儿说出这样的话是不应该的，可是女儿的确热爱这个家，爱我们的妈妈！爸爸，不知不觉中说出了这么多话。过去我恨您，从不与您说心里话，现在女儿大了，懂事了，不会恨您了。女儿会做沟通您和妈妈心灵的桥，让你们的心灵碰撞出迟来的、爱的火花！衷心祝愿你们从此互尊互爱，携手并肩，创造出真正有意义的壮丽人生，走完美好的人生旅程！

我想，任何一位父亲读到女儿如此诚挚的肺腑之言，心灵都会为之震颤的。

陈旭上高一，十六七岁，从无知懵懂到开始做父亲的思想工作，为父亲指点人生迷津，能不令人感慨万分吗？可是，震颤也罢，感慨也罢，能从根本上解决问题吗？对于中学生来说，成人的世界依然是个谜。

表面上看，中学生似乎什么都懂了，陈旭的日记里便显示了这种自信，而实际上他们只懂得了一些皮毛。打个比方说，他们只见到冰山露出海面的部分，可那仅是冰山一角。

婚姻是人世间非常复杂的关系，既包含文化因素、经济因素，也包含生理因素和心理因素，甚至包含政治因素。

关于政治因素，经历过政治风云和坎坷生活的人有着痛苦的、深刻的体验。与青少年仍显稚嫩的恋爱观相比：如果说青少年是浪漫的，他们的父母则是现实的；青少年是轻松的，成年人是沉重的。

也许，这正是当今离婚率增高的原因之一，即当社会的发展使人由注重生存转向注重精神世界完美之时，原本潜在的矛盾被触发了。其实，这也是一种历史的必然。

以陈旭的日记为例，我们已知的情况是：她父母的结合并没有以爱情为基础，因而使父亲"心灵受到极大的创伤"，他们在争吵中生活了二十年……

这绝对是一个悲剧故事，一个用二十年漫长的时光铸成的钢铁镣铐，心灵一旦苏醒，怎么可能不挣扎呢？至于挣扎的方式，自然会因文化修养的不同而不同，有的文明一些，有的粗野一些，但都是出于同一部悲剧。

当然，孩子是无辜的。无论父母如何争吵，甚至是选择各奔东西，都必须以保证孩子的正常生活为前提，这是法律的一贯精神。不过，虽然有法律与道义的存在，家庭关系的破裂难免给孩子造成心灵的创伤。这也许正是悲剧的一部分。

陈旭同学对于爱的深情呼唤固然会让人动容，却难以从根本上解决问题，因为她稚嫩的肩膀实在挑不起这副过于沉重的担子。

父母日趋严重的争吵是离婚的前奏曲。如果说，陈旭尚在担心，而牛敏则已经体验过那场暴风雨了。

妈妈把我带到了法庭，说："我和你爸爸要离婚了，你愿意跟谁？"

牛敏是广西某市初一女生，她说：

在一个阳光明媚的上午，妈妈把我带到了法庭，说："我和你爸爸要离婚了，你愿意跟谁？"我一听这话，泪水顿时流了下来。我知道这一个"离"字的含义，它意味着爸爸妈妈再也不能在一起生活了，意味着我从此失去了一个完整的家，意味着我再也不能与爸爸妈妈一起聊天、玩耍、郊游了，我将成为一个孤独的孩子。

这对我是一个多么沉重的打击！就像一棵嫩生生的小苗，正需要阳光和水分时，却忽然遭了暴风雨的袭击。

在法庭上，爸爸妈妈都争着要我，争得面红耳赤。最后，庭长决定由我自己选择，喜欢跟谁就跟谁。

我看看爸爸，又看看妈妈，他俩都用期待的目光看着我，弄得我也不知跟谁好了，因为爸爸妈妈平时都那么爱我。我刚要向爸爸走去，一回头看到妈妈那含满泪水的双眼，又犹豫地停住脚。

思忖片刻，我毅然扑进了妈妈的怀抱。妈妈接住我时，一颗颗泪珠滴在我的脸颊上，我也哭了起来。

可我也发现，爸爸掉转了脸，不时用手擦眼睛。"男儿有泪不轻弹"，爸爸却流泪了，他心里一定很难受，可我又有什么办法呢？

与陈旭的父母经常争吵不同，牛敏的父母似乎是在平静中分手的。后一种离异也许更令孩子无法接受，因为他们没有足够的精神准备，却不得不立即作出艰难的选择。

从陈旭到牛敏，都碰到了一个人生挑战：怎么对待父母的争吵和离异？

首先，孩子要求父母理解自己、尊重自己，那么孩子也应理解父母和尊重父母。父母间产生了矛盾，孩子如有能力，可以适当帮助他们缓和关系，但若是矛盾发展到了准备离婚的地步，则不宜过多干涉了。

要知道，父母作出离婚的决定，一般来说，也是要鼓起极大勇气的，不到万不得已，不会轻易这样做的。我们既然爱自己的父母，为什么不尊重他们的选择呢？

其次，父母离婚固然造成了一些痛苦，但这并不意味着世界末日到了。

事实证明，在许多杰出人物的成长过程中，都有过父母离婚的遭遇，他们非但没有被挫败，反而更加发愤努力。在这里，我向大家介绍一位离婚者，她叫朱迪·布伦姆，是美国当代著名的青少年文学家。她离过两次婚，生养了一双儿女，对离婚及家庭生活的甘苦有深切的体验，她说："……孩子们记住：你的父母在离婚期间和离婚以后也都很痛苦。虽然这并不能减轻你的负担，却是事实。"

开始的时候，尤其是在父母争吵不休，你被夹在中间的时候，要和父母都保持亲密是非常困难的。你可以告诉他们，你不偏不倚，不参与争吵，不想听任何一方讲另一方的坏话。"我不想听这些！那是你们的问题，你们自己去解决吧。"

有时候，你必须提醒父母，闹离婚的是他们，不是你，你仍然爱着他们。

孙云晓
生活感悟

1. 与以往几代青少年相似，尽管有叛逆的时候，"00后"还是把温暖的家庭放在需求的第一位。希望父母们听到并相信这个心声，这是家庭教育成功的根本依据。值得注意的是，孩子期盼的是温暖的亲子关系而非专制或冷漠。由此进一步证明，关系好坏决定教育成败，青春期尤其如此。

2. 家庭和学校对孩子的影响具有决定性的作用，可谓文明导致文明，暴力导致暴力。据西安的调查，工读学生62%来自父母离异、父母双亡或父母被判刑的家庭，47%经常被父母打骂，87%被教师羞辱。结果，许多工读学生都在犯罪边缘行走。但他们很少攻击工读学校的老师，因为这里的老师对他们是关爱友善的。

第二节　不幸是一所特殊的学校

我曾悟出这样一个道理："不幸是一所特殊的学校,古今中外许多杰出人物都是从这里毕业的。"中学生虽然一般还称不上杰出人物,但在"不幸"这所特殊学校里,同样会受到深刻的影响。

与有些中学生一心阻止父母离婚相反,也有不少中学生赞成父母离婚,这是一个值得重视的变化。

我真不明白,这么好的爸爸,妈妈为什么还要侮辱他?

湖北某县高一女生朱玲来信说:

我现在思绪很乱,不知道怎么对你讲,让我把心中的痛苦全在你面前"曝光"吧!

我出生在一个普通家庭,已经17岁了,从小在爸爸妈妈的争吵中长大。我喜欢爸爸,爸爸也喜欢我,但是妈妈更喜欢我,甚至能容忍我所做的一切!可是,妈妈对爸爸的态度大不一样,一点爱心都没有,她侮辱他,折磨他。我恨我的妈妈。

我爸爸可以说是世界上最好的爸爸,我崇拜他,我爱他超过爱所有的人,他慈祥的脸上永远带着那悲伤和无可奈何的笑容。

我真不明白,这么好的爸爸,妈妈为什么还要侮辱他?让我眼含热泪心流血给你举个例子吧。

前几天,为了庆贺姐姐结婚,爸爸去餐馆订了宴席。谁知,妈妈不喜欢那家餐馆,便大骂爸爸,就像一个泼妇一样吼叫着,讨厌极了。我可怜的爸爸为止住妈妈的骂,竟自己打自己的脸。

> 我不知该怎样形容自己当时的心情,更不知该怎样描写当时的场面。血!鲜红的血从爸爸嘴里、鼻子里流了出来,可妈妈还没住口,连看都不看爸爸一眼。可怜的爸爸毫无办法了,只好给妈妈跪下了!谁敢相信,这会是一对共同生活了三十多年的夫妻。我真想大声对爸爸喊:"爸爸,跟妈妈离婚吧!你的男子汉尊严到哪去了?你已经被妈妈折磨得不像一个男子汉了!"

婚姻的奥秘是中学生难以理解的,甚至连成年人也未必说得清。朱玲的父母之间的关系多么让人震惊,又多么不可思议。

在朱玲看来,既无情无爱,离婚不就得了?可现实生活中,离婚并不容易。是什么原因让朱玲的妈妈那样专横?又是什么原因让朱玲的爸爸那样懦弱?这其中复杂而真实的原因,朱玲恐怕既不知也不懂。

因此,孩子既然管不了大人的事,你走你的路,让他们吵去吧。

孩子天生有一颗善良的心,碰上父母争吵,总想充当和平的天使。可是,其结果往往并不美妙,这往往让孩子疑惑不解。

我不知说什么话才能减轻妈妈的痛苦。

安徽某县高一女生章柳来信讲的正是这样的经历:

> 有一天早晨做饭的时候,爸爸又和妈妈吵嘴了。
>
> 爸爸大动肝火,吼道:"你给我滚!"这话大大刺伤了妈妈的心,我们和爸爸都在吃饭,她一人躲在房间里哭。听妈妈哭得好伤心,我一口饭也吃不下,走进房间想安慰她几句,可一句话也说不出。
>
> 我不知说什么语才能减轻妈妈的痛苦。于是我想,假若姥姥、奶奶、婶婶来,她们会怎样说呢?她们一定会说:"别哭了,夫妻哪有不吵嘴的?他性子坏你就忍……"可这样有效吗?这只是让妈妈暂时止住哭,把苦水往肚子里咽。不能这样做,痛苦的人只有把心里的苦

水全部吐出来才会好受些的。

因此，我靠近妈妈说："妈妈，我知道您受了很多委屈，我看得清清楚楚。您想哭就哭吧，想说就说吧，把委屈全说出来！"妈妈哭着说："要不是为了你们三个孩子，我非走不可！"我急了，说："妈妈，您不能走，家里不能没有您！您看厨房现在是什么样？碗没有人刷，馍面酸了也没有人弄，还有我们三个谁照顾？"妈妈叹了口气，又默默地走进了厨房……

孩子不愿失去母爱，这是非常自然的事情，但从章柳的信中，我发现了这样一个问题：孩子们为大人想过吗？父母固然应尽抚养子女的责任，但绝不等于失去个人追求爱情与幸福的权利。孩子以厨房乱和他们需要照顾为理由挽留母亲，从一个侧面反映了他们只为自己着想的习惯性思维，这可能是对母亲的另一种束缚。

如果说，父亲的打骂是硬枷锁，那么，孩子的哀求则是软枷锁。难道母亲就不是自由平等的人吗？值得欣慰的是，理解和尊重母亲选择的中学生越来越多了。

四川某市高二女生夏雨就是支持母亲离婚的，她在来信里说：

我叫夏雨，刚改的名字，是不是很有诗意？名字是我自己取的。

我从小生活在一个不怎么幸福的家庭。父母由于性格不合，几乎天天吵架。每次父亲喝了酒，总免不了和母亲动手。

我的家庭也许特殊了些：父亲没有太多文化，而母亲是一名医生；父亲烟酒全沾，一点不管家，母亲省吃俭用，一心为家。

也许，许多人以为这样的夫妻并非不能相处。可是，父亲生性软弱，思想狭隘，母亲在被人欺负的时候，他更是胆小如鼠。母亲的心渐渐凉了，终于导致了最后的离异……

当然，他们的结合本身就有问题，无法谈及感情。我这人生性敏感,加上生活环境的影响,很早熟。当母亲提出离婚时,我当即表示支持,因为这样我再不用去听无休止的吵骂,再不会为阴影担忧。

许多人都觉得离婚太可怕了,我却认为离婚是幸福的起点。每一个人都有权利掌握命运,选择属于自己的人生。

父母离婚后,母亲又在寻找她的幸福了,她又要准备结婚了。对方是一个非常不错的人,我也很喜欢和尊重他。母亲又开始注重打扮了。她本来身体很差,现在看起来好多了。

生活中每个人都渴望爱。我为母亲能重新寻找到幸福而自豪。父亲呢?我想,虽然他已很难找到母亲那么好的女人,然而,我认为他自己也是幸福的,因为每个人都有自己的思维,他也许有一种解脱的愉悦吧?

我谈完了家庭的一场婚变,您怎么看呢?

读了夏雨的来信,我被她的善解人意和对母亲的理解感动了。尽管几万封来信让我难以逐一回复,而她也一再声明愿做一个不在意我是否回信的朋友,我还是及时给她回了一封挺长的信。

无数痛苦的事实表明,有些父母婚姻的维持比离异更加伤害孩子!

我在回信中写道:

诚然,天下没有一个孩子愿意失去父母。孩子尚未长大成人,怎么能缺父爱母爱呢?即使长大成人,每个人也都渴望父母双全,以享天伦之乐。这是人之常情。

但是,生活中偏偏有那么多不尽如人意的事情。就拿你来说吧,你一定也渴望家庭幸福,可是父母天天吵架,又怎么会有幸福可言呢?在我从事文学创作的前10年里,从未计划去写离婚题材的作品,却无意中碰上好多个父母离异的孩子。于是在《16岁的思索》一书里,就有了《最重要的——致父母离异的少男少女》《孙佳星的故事》等文章,都是写遭受父母离异之苦的孩子。

一种颇为流行的观点是，父母离婚对孩子有害，因此应千方百计地避免离婚成为事实。在这种观点的影响下，许多人，包括孩子在内，都成为离婚的反对者。

的确，有些父母在离婚问题上是轻率的、不负责任的。然而，就整体而言，我认为"父母离婚对孩子有害"的观点是含糊不清的、较为片面的，甚至可以说是真正"对孩子有害"的观点。无数痛苦的事实表明，有些父母婚姻的维持比离异更加伤害孩子！

有研究人员在对100名少年犯进行的抽样调查中发现，他们的父母有60%在离异时伴随着出轨、争吵等问题。这些孩子有着强烈的自卑感，因为他们的父母大部分都是以孩子为借口吵架的。当父母双方在发泄愤怒、抱怨的时候，会让孩子有强烈的负罪感和无价值感。从这方面讲，如果夫妻彼此间已经感情冷漠，甚至不断争吵，还以给孩子一个完整的家庭为借口，而不肯离婚，反而对孩子的伤害更大。

婚姻对人生的影响是巨大的。婚姻幸福是人生幸福的重要内容，它离不开婚姻自由这个前提。只有结婚自由而无离婚自由，就不可能真正实现婚姻自由。

所以，父母自然要履行关心和爱护子女的责任，孩子也应理解和尊重父母的选择。由于某些复杂的原因，父母的感情破裂，已经失去了互相爱慕、共同生活的婚姻基础，只有通过离婚才能解除双方的痛苦。

在这种情况下，离婚非但不是不道德的行为，而是重新寻求幸福的必要手段。从这个意义上说，你觉得离婚是幸福的起点，是完全正确的。甚至应当形成一种观念：在特定情况下，父母离婚不是丢人的事，而是抛弃痛苦、追求幸福的勇敢行为！在这里，对于你坚定地支持母亲提出离婚，我向你表示特别的敬意。

新中国提倡男女平等，婚姻自由，任何一方都有权利依法提出离婚。虽然公民的这种权利得到了国家法律的保护，但由于旧观念的深重影响，妇女迈出这一步往往比男人艰难。因此，我觉得，在父母感情破裂到该离婚的地步时，孩子们特别应给予母亲一定的帮助。

人是有感情的，子女对父母总有依恋之情，一旦失去父亲或母亲，心难免会受伤流血。但是，冷静地想一想就会明白，父母离异的痛苦有如手术过程中的痛苦，只有忍下这种痛苦，才有长久幸福的希望。

至于"今后的路该怎么走呢"，尽管每个人的情况不同，路的走法也不会完全一样，但最基本的两点是需要把握好的。

首先，要学会自立自强。在《最重要的——致父母离异的少男少女》那篇作品中，父母离异的职业高中学生赵昂说了一段很精彩的话："我觉得挺幸福的。父母离婚比不离婚给我的爱还多，因为那时候，他们一个唱白脸，一个唱红脸，而现在都唱红脸。再说，父母亲不在身边，一切都靠我自己拿主意，也放得开。我是独立的、有充分自由的人！当然，有时回到家里见不到父母，我也有些怅然若失。但是，与独立与自由相比，又算得了什么？最重要的是自由、自尊、自强！"

可以说，赵昂父母的离异结束了三个人的痛苦。我在作品中写道："在同龄人中，赵昂的自立意识和自立能力都是比较强的，而这一切几乎都是在经历了父母离异之苦后获得的。"

其次，要正确对待父亲或母亲的再婚。赵昂的爸爸妈妈都再婚了，他曾为之流过泪，但终于明白了不应干涉父母的婚姻自由，因为"我们都是自由人"。他安慰妈妈说："我只希望您幸福，只有您幸福了，我才感到幸福。"

父母离异不等于世界末日的来临，而极可能是一次再生的机会。你尽可以昂起头走路。

路在你的脚下。未来与希望都属于强者！

这封近两千字的长信，大致代表了我对离婚问题的观点。我之所以如此认真，完全是夏雨的勇气感动了我，迫使我必须认真思考，并且严肃地作出回答。

写完这封信，我意犹未尽。在创作长篇小说《握手在16岁》的时候，我又以夏雨为原型，写了小说中的一章《十字架下》，从文学的角度进一步表现了父母离异过程中少男少女们的生活。可以说，那里融进了许多深层的思考，如造成父母离异悲剧的历史性原因以及孩子对这段历史的审视。

孙云晓 生活感悟

1. 夫妻关系是家庭中最重要的关系，自然也是孩子健康成长的最重要的保障。夫妻的行为和彼此之间的关系是每一个孩子必读的第一本书，以至于这种影响深远，终身难以改变。亲子关系和师生关系是孩子成长中的两条生命线。夫妻关系往往决定着亲子关系，进而影响到师生关系。

2. 第一次听美国人编中国的现实恐怖故事，说北京和上海流行一种极具杀伤力的疾病，却无药可治。原来这病就是夫妻离婚。讲此故事的美国人是一位长居北京的婚姻与家庭专家，他根据京沪离婚率居高不下的现实，编造了耸人听闻的故事，警示人们：家庭破裂的后果远比人们想象的严重，并呼吁"持续一生的爱"。我们相识于上海的2019教育世家家庭教育高峰论坛，他告诉我，他的中国妻子很棒，而他就是一个"土包子"。他说，送孩子进许多课外班，甚至送欧美参加夏令营，都比不上好的家庭生活对孩子发展的影响。他的观点虽然极端一些，但珍惜婚姻与家庭、倡导责任感无疑是对的。

第三节　简单的思维无法认清复杂的世界

> 心理学家大都认为，父母离婚对少年人来说是一种家庭危机，更是一种心理危机、一种痛苦的经历。

有人将父母离婚比作一个"狂暴的世界"，处在这种环境中的少年人难免会受伤。其中，"第三者"的情况，即父亲或母亲有了外遇的问题，往往会使矛盾复杂化，并造成孩子的心理障碍。

一般来说，中学生们一旦发现了父母之间出现了"第三者"，会立刻表现得怒不可遏，而实际上又不知所措，只在心里蔑视招来"第三者"的父亲或母亲。

有时，我真想把妈妈赶出家门！
云南某农场中学高二女生罗怡在来信中说：

虽然我有母亲，却从不知道伟大的母爱是什么滋味，我们的家庭随时都面临着破裂的危险。

妈妈几年前有了外遇，一直对她那一位很忠诚，从不间断他们不正常的恋情。

爸爸知书达理，是一位优秀党员和优秀胶工，由于过多为那些橡胶树操劳，才40岁的人已经白发苍苍了。妈妈愚昧无知，整天只知穿衣打扮，难怪别人都说妈妈比我年轻。

妈妈常常用恶语辱骂爸爸，甚至打爸爸，而爸爸则忍气吞声，摇头叹息。其实，爸爸只是不想让我们完全失去母爱，盼望着妈妈回头。

有时，我真想把妈妈赶出家门！无奈我现在的生活到底还是用爸妈的钱，先忍下这口气，等我工作了，一定不养妈妈！

我很怀疑，罗怡的家即使在外表上不破裂，而实质上已经破裂了，她能得到母爱吗？罗怡的爸爸又有什么幸福可言呢？有些善良的人是懦弱的，这使他们难以摆脱厄运。

爸爸有了"第三者"之后，恐惧和难过一直缠绕着我。
山东某县15岁的女中学生魏玉玲也碰到了难办的事，她在来信中说：

我爸爸自己创办了一家企业，妈妈是典型的家庭主妇。一个偶然的机会，爸爸认识了一个长相漂亮的寡妇，便让她当自己的秘书，后来又提拔她当一个分厂的厂长。那女人在我爸爸面前步步高升，妈妈的地位却在爸爸的心中日趋下降。

我知道爸爸有了"第三者"之后，恐惧和难过一直缠绕着我。

我曾想找爸爸谈谈这件事，可一直找不到机会，因为他经常出差，而我又在外地上学。

偶尔见了爸爸，我又不忍心说他。在家里说，怕伤害已经劳累过度的妈妈，怕她受不了这种刺激；在单位说，怕影响爸爸的威信，丢了他的面子。

我只有把这件事埋在心里，却又不能不想。

我监视过爸爸，也提醒过爸爸，可他……这成了我巨大的精神负担。我承认，我不具有指责父亲错误的勇敢精神，也缺乏挑战父亲的能力。

每天，我都在很复杂的家庭生活和精神生活中学习，成绩日趋下降。老师的批评、同学的白眼、父母的责骂、姐弟的嘲讽，使我度日如年。

一个孩子要受多大的委屈啊！我觉得好累好累。于是，我想到了死，是的，死！安眠药买来之后，我哭了，痛痛快快地哭了，但哭后我又陷入了沉思：死能解决问题吗？后来，我又想了许多许多。安眠药放下了，我也由原来活泼开朗的姑娘变成了另外一个人。

现在，我已经对爸爸的事不感兴趣了。我发誓努力学习，用知识来充实自己……

随着市场经济在中国的迅速发展，许多人进入了原先陌生的领域。他们在创造物质财富的同时，也在创造精神财富。与此相适应的变化，自然包括了人际关系乃至婚姻关系的变化。

这是一个无情而又有情的现实。新生活不仅仅给人带来欢乐，也给人带来痛苦，也许后者是更为深刻的。

魏玉玲的信便涉及了新生活带来的影响。

私营企业是振兴经济的重要支柱，也是中国经济发展的重要因素之一。作为企业老总，魏玉玲的爸爸必然受到新生活的刺激，因此，他不但让漂亮的寡妇当秘书，还提拔她当分厂的厂长等等，从而引起女儿的高度心理紧张。这件事本身就值得深思。

首先，仅从魏玉玲叙述的事实看，她爸爸聘用漂亮的寡妇仍属于正常工作，为什么不可以聘用？既然聘用，当然接触就多，往往会引起人们的误解，这在当今社会尤为普遍。我们中学生不应囿于世俗偏见，去"监视"父亲，这只会自寻烦恼。

其次，生活中的确存在婚外恋的现象。且不说夫妻不和容易产生婚外恋，纵然夫妻恩爱，也不一定完全可以避免，这正体现了人情感的复杂性。中学生毕竟缺乏这方面的经验，虽然从极好的愿望出发，想帮助父亲或母亲走出情感的沼泽地，其结果却往往事倍功半，或者令人啼笑皆非。况且，就父母的自尊心来说，也最不希望孩子过问大人的这种隐私。孩子何必自讨无趣呢？

再次，孩子应当相信父母，同时也相信社会。假若父亲或母亲做出了有违道德的行为，子女当然有权利批评，社会也会给予惩罚的，而社会的惩罚一般比子女的有效得多。因此，我们不必惊慌失措，也不必想着自己要去做那根独撑大厦的栋梁。

从从容容走自己的路是最要紧的，更何必去寻短见呢？魏玉玲曾想自杀，在危险关头被一句疑问唤醒了——"死能解决问题吗？"这疑问提得好！一个人自杀固然需要勇气，但那种勇气往往是一股愚昧之气或盲目之气。因为父母再怎么不对，也并非标志着世界从此失去希望，我们自己干吗自毁自灭呢？

当然，对于父母来说，也要懂得夫妻关系对于家庭的重要性，更要明白恶劣的家庭关系对孩子的残酷影响和持久伤害。

2015年9月15日《南国都市报》报道，海南省澄迈县一名15岁的初中生小华（化名）扬言要杀人，让家人十分紧张。小华嘴里要杀之人正是母亲的情夫。

原来小华的父亲外出打工，经常几个月不回家，身为村干部的母亲逐渐与邻村一名村干部关系暧昧，后来开始明目张胆地同居。小华的父亲身在外地，自觉无能力照看妻子，又害怕家庭破裂，知道详情之后，竟只是对妻子的行为保持隐忍态度。

但小华忍受不了别人的流言蜚语。"你妈妈和别的男人睡觉！"有一天他的同学口无遮拦地说。这话让平日乖巧的小华变得像个炸药包，一点就着。小华像疯了一样把这名同学暴打一顿，他告诉爸爸："我要杀了那个人！"

对于孩子来讲，一个温暖和睦的家庭是其健康成长的基础。报道中父母名存实亡的婚姻，对小华实际上是一种折磨。特别是小华父亲懦弱的形象也使他痛苦失望，又缺乏父亲的约束力量，小华有可能变成问题少年。

近些年来，许多研究者认为，那些在家庭表面完整，但实际家庭功能已经缺失的环境中长大的孩子，容易出现成长中的问题，甚至可能走上犯罪的道路。有学者认为，家庭功能包括家庭成员的情感联系、家庭规则、家庭沟通以及应对外部事件的有效性。

家庭功能变量被公认为是青少年犯罪的最强、最一致的预测因素。那些社会经济地位低，在专制型教养方式环境下成长起来的孩子更容易出现不良行为，而有安全型的依恋关系，在权威民主型的教养方式下成长的孩子更可能良好发展。

所以父母要避免孩子走上歧途，需要保证其成长环境中家庭功能的完整。这就需要父母处理好彼此的情感和关系。但父母需要注意的是，家庭结构并不决定家庭功能。也就是说，很多父母虽然没有离婚，但实际上夫妻关系极其恶劣，双方彼此不理睬，甚至相互争斗，其家庭教育功能也已经丧失。

相反，有些父母虽然离异，但夫妻双方都关爱自己的孩子，即使是单亲家庭，其教育的功能依然存在，孩子也能得到很好的教育，也会很好地成长。因此，教育孩子的关键在于爱的实质，而并非家庭结构上的形式。

孙云晓
生活感悟

1. 未成年人违法犯罪当然与法制教育缺位、网络暴力的影响等因素相关，但其深层原因是发展受挫，甚至遭受打压，例如学业失败、父母离异、同学排挤、暴力伤害等等。如犯罪心理学的挫折与攻击理论所说，当一个人遭受挫折，有可能出现攻击行为。未成年人的心智水平较低，更容易失去理性控制。

2. 许多人都知道，在家庭关系中，夫妻关系是第一位的，却不知如何发展这种极为亲密的关系。在第十九届海峡两岸家庭教育学术研讨会上，来自台湾地区的专家黄敏菁和王以仁教授发表了《芳香疗法纾压课程方案，对促进夫妻亲密关系之初探》的论文，令人耳目一新。他们认为，爱是"投其所好"而非"给己所要"，以精油按摩创造出放松气氛，让彼此亲密关系更进一步，进而产生爱、满足与信任。的确，爱不仅需要浪漫的语言，更需要积极的行动。

3. 全家人"宅"家防病毒也是对家庭关系的一大考验，既凸显家庭生活的优势，也可能激发夫妻关系和亲子关系的矛盾，这取决于家庭关系的水平。毫无疑问，灾难来袭最需要相互帮助，首先需要家庭亲密关系的相互支撑。同时也应该明白，孩子的特点不因疫情而改变，诸如依然好奇好问好模仿，依然好动贪玩，依然迷恋手机和网游，依然叛逆等等。简言之，疫情期间更需要良好的夫妻关系，夫妻关系是家庭关系的核心。而能否教育好孩子，则以亲子关系为前提。基于上述考虑，我接受北师大教育集团邀请，开讲100分钟的线上视频课，题为《儿童健康成长需要什么样的亲子关系》。希望父母们珍惜这个特殊时期，密切夫妻关系，提升亲子关系水平，此乃家庭幸福之源。

4. 人能否健康发展与幸福的首要因素是家庭，家庭教育的完善成为社会建设的重要基石。如陈建翔教授所说，家庭教育是基于家庭活动与家庭成长而展开的全民自我做主的终身学习和相互影响。其要点有六：一是基于家庭活动与家庭成长；二是全民性；三是自我做主；四是终生性；五是以学习为中心；六是互动性。

5. 父母或者其他监护人对未成年人的引导和影响自然是家庭教育的重点，却不可忽视家庭教育也是家庭成员之间的相互影响和教育：信息化时代，多少父母受到孩子的积极影响呢？同时，家庭教育是终身教育，不能仅限于对未成年人的引导和影响。其实，好的家庭教育对人的一生都有积极的影响。

6. 给孩子写信可能是一种具有特殊魅力的交流方式，效果取决于亲子关系的质量。从梁启超给孩子们的家书可以看出，他与孩子是良师益友的关系，首先是最亲密、最诚挚的朋友。如得悉林徽因的父亲去世，梁启超在给儿子梁思成的信中，就极其细致地提醒儿子应如何关心和帮助林徽因。

第五章 师生关系是学生成长的生命线

师生关系本应是滋养学生人格健康和谐发展的一块绿洲，然而，由于教育的某些恶性循环，有些师生关系表现为尖锐的冲突状态。

第一节　师生关系是未成年人最重要的关系之一

人格平等是师生关系的第一准则。尤其是对待渴望自立的中学生，没有人格平等做前提，教育是难以奏效的。

2015年6月18日《法制晚报》报道，一名17岁高中生因为上课玩牌被老师处罚后，跳楼自杀。

记者写道：

> 17岁本是人生中最美好的年纪，高中生小王（化名）却因在课上玩牌被老师处罚后，选择跳楼结束了自己的一生。小王生前在北京平谷某中学读高二。自2013年8月11日起，该校为即将升入高三年级的学生补课。
>
> 8月19日上午上第四节英语课期间，小王和同桌说有点困，提出玩会儿牌。二人玩牌时，被高三年级主任张某某巡视时发现。英语课下课后，二人向英语老师和张某某道歉。
>
> 下午第二节课是张某某老师的数学课，张老师再次让两人去高三年级语文组找班主任解决玩牌问题。因班主任不在，二人在语文组办公室外面站了一节课。课间休息期间，二人返回教室，将玩牌的事情向班主任做了汇报。
>
> 第三节课是班主任的语文课，班主任让小王搬椅子坐在教室前面，让小王的同桌搬椅子坐在教室后面。两人为了记笔记，便用书籍当椅子和课桌上课。
>
> 第四节课是张老师的数学课，两人又被罚在教室门口站了一节课。下课后，两人被班主任带到张老师处，张老师决定对两人停课。

小王同桌联系家长时，班主任在给其他学生讲题。此时，小王走出教室，从教学楼二层楼房的厕所窗户跳下。后被紧急送入平谷医院抢救。8月20日，小王经抢救无效死亡。

事后，小王的父母把学校告上法庭，索赔106万元。

法院经审理认为，学校对违反纪律的学生应注重批评教育，但是张某某在小王做过道歉的情况下还坚持停课的决定，处理方式简单生硬，属于以罚代教，与学校教书育人的职责相悖。

而且被告高三年级班主任张某某未注重对小王的批评教育，作出停课决定，将学校的教育职责转移给家长，教育理念存在偏颇。其让家长将小王领回家，客观上也造成了小王思想上的较大波动。让两人在教室外站了两节课，属于变相体罚，让两人用椅子当课桌上课，使两人人格尊严受损。

事发时小王未满18岁，心智尚不成熟，控制自己情绪和行为的能力尚未达到成年人水平，又面临升入高三的学习压力和思想压力，心理脆弱。被告老师未考虑其心理特点和心理承受能力，教育管理失当，客观上造成了小王的跳楼，故张某某老师应负事故的主要责任。

小王自身也存在过错，跳楼亦与自身性格、长期的家庭教育等因素有关，故自身亦应承担一定责任。

最终法院判处平谷某中学赔偿原告医疗费、死亡赔偿金、丧葬费、精神损失费63万。

我想，对于小王跳楼自杀之事的发生及处理，其学校和老师可能会感到冤屈不平。

试想，张某某老师如果对班里的纪律不管不问，当一个视而不见的好好先生，怎么会有学生自杀呢？他又怎么会受处分和被调离呢？他那么严加管教，还不是为学生们好吗？我们可以从这些不平之感中看到，有一只无形的大手在推着他走，让他同样成为片面追求升学率的牺牲品。

再说小王之死，固然是"老师粗暴教育的结果"，同时不也表明了他心理承受力低吗？用心理学的说法，这是一种"蛋壳心态"。所谓"蛋壳心态"，是指个性十足、争强好胜，但经不起任何波折和外界干扰的脆弱心理。小王的班主任和张某某老师的手段是错误的，你可以从心里蔑视，也可以在行动上反抗，为什么一步退进地狱里去呢？往深一层想，找出老师与学生有矛盾的原因，是更有必要、更有价值的。与历史和社会相比，任何个人的责任都是微乎其微的。

尽管有识之士一再呼吁，"要体现尊重学生自尊心的精神"，"教师应该多懂一些少年心理学，以便更好地了解学生"，可是，现实生活中，类似报道中小王的老师们的粗暴做法，依然屡见不鲜。

我们的班主任老师是个非常专制的人。

江西某县高二女生艾秋来信，感慨万分地诉说了自己与班主任的矛盾：

我们的班主任老师是个非常专制的人，因此外号就叫"专制"。

"五四"前夕，学校要发展一批团员，我的同桌杨娟写了申请书，并填了表，我们俩高兴了一个晚上。但是，第二天，哭肿了眼睛的团支书告诉杨娟，班主任意见一栏没通过。我们大为懊恼。我鼓励杨娟找"专制"谈谈，杨娟去了，也是红着眼睛回来。

原来，团支书已经被骂了个狗血喷头。"专制"说："无组织无纪律，不把我这个班主任放在眼里。你以为你这个团支书厉害吗？我随时可以撤掉你……"杨娟去了，还会有好果子吃吗？于是，她入团的事就彻底吹了。

前几天，又发生了一个重大事件。开学时，我们每人交了100元班费，全班共有5000多元，谁知最近班长竟说没钱了！大家傻了眼。

这学期只开过一次晚会，看了两场电影，5000多元就没了？我们开了两节课的班会，也搞不清这钱到底怎么花的。因此，有同学投信给"校长信箱",告了"专制"一状。

"专制"得悉后,大发雷霆,连课也不上了,训斥我们:"这像什么话?竟怀疑到我头上!我对得起大家,没功劳也有苦劳。我就这么可怜?贪污你们这点钱……"他还扬言一定要查出这是谁干的,看在同学的面子上,不追究刑事责任,但一定要向自己赔礼道歉,否则别想拿到毕业证。教室里一片寂静,没人看他一眼。他又说,过去的事算了,不加追究,希望大家团结,如果僵下去,吃亏的还是我们,教不好课他不负责,等等。

其实,谁稀罕上他的课?有人提议全班联名写信,要求换班主任,可大家慑于他的"专制",又听说校长对他的"拍马屁"很满意,也就不了了之。

碰上这种老师真倒霉!孙老师,您说我们该怎么办?不久,我们就面临决定命运的高考了,如果照此下去,后果不堪设想!

真正的教育都是以人为本的,没有尊重就没有教育。显然,有些教师是不合格的。按照国家对于教师队伍的管理原则,没有师德的人是没有资格当教师的。

如果说,江西艾秋的所述主要反映了某些老师的专制,而安徽某县高三男生丁志强的来信,则披露了该校语文老师的野蛮行为。丁志强写道:

孙老师,您不知道我是怀着怎样的心情在给您写信。

首先我想说明几点:第一,我所叙述的事完全真实,您尽可以调查核实;第二,我叙述中的人物用的全部是真实姓名;第三,您在调查时,请千万不要出示我的信件和我的姓名;第四,引用时,请不要说出事件中人物的真实姓名①。否则,我会恨您一辈子的。我实在

---

① 为了尊重他的要求,此信涉及的人物皆用化名。

怕啊！请您仔细地看下去，人物语言除实在无法表达外，全部是原话（我恨当时没有录音）。

在一个星期六的上午，第一节英语课。英语老师走进教室，将上节课测验的试卷放在讲台上。

还没来得及说上课，就听见"咣当"一声，教室的前门猛然被推开了。一个身材魁梧，戴着一副棕黄色近视眼镜，上着黑西服，脚穿黑皮鞋的人，几个箭步冲到A、B两个男生面前，两只大手一手抓一个学生的衣领，把他们拎了起来。

这个人不是别人，正是我们的语文老师张。只见他怒气冲冲，脸涨得通红，声嘶力竭地怒吼（我的描述并不过分）："是哪个小杂种刚才喊我名字的？讲！不是你们？不是你们是谁？老子刚才分明听到有人在喊老子的名字；一抬头，你们站在窗前看着我笑，不是你们是谁？"说罢，张老师又冲上讲台，当着全班76个人的面大声怒骂："告你讲，老子在楼下分明听到了你们两个小狗日的喊老子名字。怎么啦？老子教坏你了？跟你讲，这件事我跟你们没有完。哪个喊的自觉给老子站出来，不然，你们这节课谁也别想上！"这时，同学们发出了抗议的声音。

张老师凶狠地说："你们还了得！以为我是好惹的，是好欺负的……"此时，英语老师早已走了。

同学们都从惊愕中反应了过来，纷纷嚷着："这事与我们有什么关系？凭什么不给我们上课？""就是，凭什么？""哎，你听到A、B喊了吗？""没有啊！我在跟前根本没听到，他在三楼下面怎么听到的呢？"……这时，A、B走出教室，到办公室去了。

事后A说，他不想影响别人上课。张老师也出了教室。

顿时，班里擂桌子的、跺脚的、吹口哨的、哄笑的、拍巴掌的、叫喊的、议论的……乱作一锅粥。

在办公室里，张老师操起扫帚打B，B没敢言语。B平时相当老实厚道，寡言少语，忍气吞声。但是A可就不同了，A虽然与B都是农村的孩子，但A在初中和高一时是闹事者，有几次打架事件，他都有参与。但他从高二起就变了，还曾在校会上被教导主任表扬过。A说："你要是打我，我就还手。"结果，张老师被老师们拉开了。

下课后，A去找校长，校长劝张老师息事宁人，张不答应，非要找出喊他的人不可。

上午第三、第四节课是张老师的语文课。他首先来了一场"精彩"的演说式"独白"。

他说："语言是一种符号，它代表着一定的含义，作为符号本身是没有感情色彩的。同样，张某某三个字也是一个符号，它表示我这个人。既然是符号，人人都是可以喊的，但是作为语言来说，是具有一定的感情色彩的。因此，符号在不同的情况下也具有感情色彩。

"张某某三个字代表我这个人，也就代表我的尊严。当他们（指A、B）喊我名字时，那种'嘲弄'的语气，就使这个符号带上了感情色彩，成为一种侮辱……我可以告诉你们，我家姐弟四人，我是老二，脾气最大。我发起火来，他们都得让着我，连父母也得让我三分。

"那有人说了'你是教师嘛，应该忍让，应该讲文明。'谁说的？噢，你们是人，教师就不是人了？你们对我们讲文明，我们才对你们讲文明呐。

"我可以告诉你们大家，A、B说不是他俩喊的，那就请他们找出来是谁喊我名字的，找不出来，对不起，你们的毕业成绩语文平时成绩零分！鲁迅先生不是说'费厄泼赖'（公平）吗？我们就来一次'费厄泼赖'。好了，我本来打算上课的，现在搞得我连课也不想上了，你们把这份卷子做一下。"

A找了他的大哥，被他大哥狠狠训了一顿，他大哥也以为是A喊的。星期日晚上，A的大哥来学校找到了张老师，谈了将近两个小时；10点左右，又将A、B带到张老师家。张老师仍然坚持：如果A、B不说出是谁喊的，他就按照他说的办——毕业成绩语文零分！

请亲爱的读者朋友原谅我如此大篇幅地摘录了以上两封来信。之所以这样做，首先是便于剖析师生冲突的症结何在，其次也觉得这两名中学生敢于"冒犯"师威、吐露真言实属不易，应借此机会让教师们听一听学生们的心声。

从某种意义上讲，对未成年人来说，师生关系是最重要的关系之一。学生的主要任务是学习，而教师是学生学习的导师，因此，师生关系是存在于学校这一社会组织诸多关系中的基本关系。中学生已经意识到师生关系的重要性，所以对教师的期望值很高；而一旦在这段关系中受挫失意，情绪波动便格外强烈。

师生关系对人的一生会产生难以替代的影响。那么，学生喜欢和讨厌什么样的教师呢？

2009年，中国青少年研究中心对6个省市24所中学的1868名高中生作过问卷调查。发现在对"喜欢什么样的教师"的调查中，"耐心辅导帮助学生"（68.9%）、"教学水平高"（57.5%）、"不偏向学生"（40.7%）是中国高中生最看重的三项。

2008年，安徽师范大学心理学系对全国7所高校620名学生做了最受欢迎老师形象的问卷调查，发现最受欢迎的高校教师的前三项品质为"知识渊博，治学严谨"（21.93%），"态度和蔼，平易近人"（17.96%），"幽默风趣"（8%）。最不受欢迎的高校教师的前三项品质是"自以为是、专横、武断"（23.05%），"肤浅、知识贫乏"（15.49%），"上课粗枝大叶，照本宣科"（11.12%）。

从以上的调查数据可以看出，老师的学识和对授课对象的态度是学生们最为关切的，特别是在教育学生的过程中，老师是否具有宽容与尊重的态度极为重要。

由此可见，人格平等是师生关系的第一准则。尤其是对待渴望自立的中学生，没有人格平等做前提，教育是难以奏效的。因为教育是否有效的根本性标志之一是教育者能否让受教育者自动地敞开心灵之门。假若受教育者处于对抗状态,心灵之门紧闭,教育者的说教或训斥连废话都不如。

著名教育家苏霍姆林斯基有句名言:"有时宽容引起的道德震动比处罚更强烈。"为什么呢?宽容并非是对错误的否认,而是意味着对人的理解、信任及期望,其效应是唤起犯错误者的自觉,调动起他本身的力量去战胜错误,这不正是教育的魅力吗?

以上批评的三名教师,虽然情况并不相似,但有一个共同的缺点——不尊重学生,缺乏宽容心。

以安徽那名张老师为例,且不论学生是否直呼其名,那样野蛮地侮辱一个班的学生,本身就是一个不能原谅的错误。那些学生讨厌的教师的品质,简直就像从他身上概括出来的一样!当然,学生叫老师的名字,往往被视为不礼貌的行为,而实际上,这算得上什么严重的罪过,值得如此大动干戈?张老师认为:学生是人,教师也是人;学生讲文明了,教师才能讲文明。这无疑是把教师降到了连学生也不如的水平,是一个荒唐的逻辑。

在《中国教师报》对辽宁师范大学教育学院院长傅维利的专访中,专门谈到老师随意惩罚学生的行为。傅维利指出:

> 教育中的惩罚并不是无情的和残酷的,更不是对爱的背离。恰恰相反,教育中的惩罚,如果没有了情感基础,既偏离了教育的目的,也不可能取得良好的效果。实施惩罚的前提是教育者与受教育者间打好深厚的感情基础,使受教育者清晰地感受到来自教育者的长期关爱,对教育者产生稳定的信任和以"不管怎样,老师都是为我好"为核心的良好预期。
>
> 教师不应该把自己的情绪带进学校和教室。社会让教师和家长成为必要时可以对学生实施惩罚的权威角色,但这决不意味着违背教师和家长的意愿就是实施惩罚的理由。因为在许多情况下,家长和教师的意愿及情感倾向并不等于正义。许多教师和家长都把自己当作正义的化身,自觉或不自觉地将自己的不高兴或愤怒作为使用惩罚的理由。

这种惩罚不仅违背了惩罚使用的正义性原则，通常也不可能取得好的教育效果。如果学生所面对的是这样的教师和家长，而这些具有权威的教育者喜怒哀乐的理由又各不相同，情况会更糟。

许多教师常常对学生采取高压政策，企图以严厉的惩罚树立自己的威信。他们说，现在这帮孩子，"高压"还镇不住呢，还和他们商量呢，不是更管不住了吗？这种想法还停留在浅层次上，不能从更深层次上思考问题。

许多研究都证实，不成功的惩罚都过分依赖强权，而缺少教育者和受教育者在平等的气氛中的对话、协商和共同参与。有一句至理名言："你越是力图通过强权来控制他人，你对他人生活的真实影响力就越小。"

对于学生而言，除了像艾秋和丁志强这样，不甘心青春被摧残，奋笔疾书与之抗争外，还可以学习用法律来维护自己的尊严。

师生关系的改善、民主权利的保证，是师生们共同的责任。虽然教师是主导的一方，但学生仍可以起重要的促进作用。其中，维护法律尊严是基本方面之一。

保障未成年人的合法权益，尊重未成年人的人格尊严，适应未成年人身心发展的特点，教育与保护相结合，正是未成年人保护工作的四大原则。

《中华人民共和国未成年人保护法》在"学校保护"一章里规定："学校应当关心、爱护学生；对品行有缺点，学习有困难的学生，应当耐心教育、帮助，不得歧视。""学校应当尊重未成年学生的受教育权利，不得随意开除未成年学生。""不得对未成年学生和儿童实施体罚、变相体罚或者其他侮辱人格尊严的行为。"

法律如山非儿戏。据悉，许多父母和教师不敢做出侮辱未成年人的举动，即使孩子犯了错误，大人也不敢打。大人是怕孩子吗？不，他们怕法律，并且有了较自觉的法律意识，而这就是希望所在。

孙云晓 生活感悟

1. 体罚只能导致恐惧或仇恨，甚至影响孩子的智力发展。一个5岁女孩因为算不出"10加1等于几"，被某教师狂扇70个耳光，这种野蛮行为会给孩子一生留下心理阴影。虐待儿童是对教育最大的侮辱。教育家蒙台梭利认为，教师必须像火焰一样用她的温暖去振奋、活跃和鼓舞所有儿童。

2. 诺贝尔生理学或医学奖得主约翰·格登15岁的时候，因为生物课成绩差被老师训斥为"非常愚蠢"，这件事居然发生在世界名校伊顿公学。这让我想起蒙台梭利的告诫："傲慢和发怒是教师的基本缺陷，而好教师必须学会谦恭并且慈爱。好教师不仅是宽容的，更要善于引导学生从失败中看到希望。"

3. 无论是亲子之间还是师生之间都有共同的规律，好的关系胜过许多教育。如心理学家杨凤池教授的分析，教育有效的前提是接纳，也就是亲其师才能信其道，只有认为教育者是亲近的、美好的、可信的，教育才会真正有效果。所以，我建议改变孩子从改变父母和教师做起，改变教育从改变关系做起。

4. 童心是与儿童沟通的彩虹桥。有童心才可能理解儿童，没有童心就没有办法教育儿童，因为好的儿童教育一定是符合儿童美好天性的教育。陶行知说："您若变成小孩子，便有惊人的奇迹出现：师生立刻成为朋友，学校立刻成为乐园；谁也不觉得您是先生，您便成了真正的先生。"

第二节　代际冲突也是社会进步的一种推动力

几乎没有一个青春期的孩子不为代际冲突烦恼，而其父母和教师更是为之格外操心甚至于痛心。但是，从客观上来说，代际冲突也是一把双刃剑，它在给我们带来许多矛盾和痛苦的同时，也悄悄地推动了社会的进步。历史证明，代际冲突大的社会是进步大的社会，代际冲突小的社会是进步小的社会。

我们在成长，总会磕磕碰碰，付出一些代价，这怎么会没有烦恼忧愁？重庆市高二女生叶春在信中说：

当我给您写第一封信时，我有一种预感，一定会收到您的回信，我相信我的第六感。果然，收到了您的回信。在这封信里，我想写下我的困惑。

我们的老师总希望把我们琢磨透，但他们总不能如愿以偿。

许多老师总爱这样对我们说："我不仅当你们的老师，也愿当你们的朋友，希望你们能对我说心里话。"这些话开始挺让人感动，可真的交谈起来，老师又板起了那副高高在上的面孔，让我们不由得敬而远之。对于一个思想上根本不想成为我们的朋友的老师，我们如何能对他说心里话呢？或们曾遇上一位与学生无话不谈的老师，我们一起谈生活、谈社会，平等地争论问题，又一起无拘无束地大笑。

可是，当我们谈起烦恼忧愁的时候，这位老师竟说："真不明白你们现在的中学生，整天吃得饱、穿得暖，又不操心家务，还有什么烦恼忧愁可言？"我们一下子愕然了：这就是平时最了解我们的老师说出的话吗？诚然，当代中学生中，是有一些人沉湎于享乐，是有些人自寻烦恼,但那只是极少的一部分。我们风华正茂,不免"书生意气,挥斥方遒",也不免会用偏激的言论抨击一些社会现象。我们在成长中总会磕磕碰碰,付出一些代价,怎么会没有烦恼忧愁?

由于受到网络文学的影响,我们在狂流中站不住脚了。有同学写作文用了"年轻的我"这样的句子,老师说这样的句法是完全错误的,因为形容词不修饰代词。但是,我们不服气,举出一些杂志的句子给他看,如"潇洒的他""漂亮的她"等等。老师更气愤了,说:"这些全是错的!现在一些编辑和作者不负责任,用一些错误语法,混淆了中学生的概念。你们今后读书要多想一想,多问一问,避免发生这一类错误……"老师说得对吗?我们上曹禺的《雷雨》这一课时,老师说不同阶级的人不可能产生真正的爱情,我们全班同学都持反对意见,疑惑不解。

老师举出《红与黑》中于连的例子,我们则举出《永恒的爱情》为例子,证明真正的爱情可以逾越阶级界限。老师说这只不过是一部电影,《红与黑》不也只是一部小说吗?反正争了半天,谁也没说服谁。

随着社会的开放进步和科技的发展,大众对文化的多样性和个性化的追求,各种信息载体通过网络渠道充斥着孩子们的生活。他们获取的信息量骤增,甚至无能力和精力去思考和辨别。

相反,学校比较注重课本教学,而教师本人除了教学和操持家务外,精力所剩无几,去了解社会文化信息的兴趣与时间远不及学生。因此,师生之间不仅会出现观点意识交流"短路"的情况,甚至会在教育行为上产生冲突。

广而言之,所有成年人,包括笔者在内,若想以圈里人的身份进入中学生领域与其对话,都是相当艰难的,主要是缺乏共同语言。

2015年3月23日,新华网报道了零点调查公司针对人群信息获取渠道及主要互联网活动的系统调查,显示互联网已经成为九成以上大学生、白领以及中学生最主要的信息获取渠道。在报告的数据中，中学生每天使用互联网的时间平均是 2.8 小时，其中移动互联网 1.9 小时，PC 互联网 0.9 小时。共青团中央维护青少年权益部、中国互联网络信息中心（CNNIC）联合发布《2020 年全国未成年人互联网使用情况研究报告》显示，超一成未成年网民工作日平均每天上网时长在 2 小时以上，节假日平均上网时长在 5 小时以上，近两成认为自己非常依赖或比较依赖互联网。[1]

手机是未成年网民的首要上网设备，使用比例达到 92.2%。未成年网民中，拥有属于自己的上网设备的比例达到 82.9%。其中，拥有手机的超过六成（65.0%），其次为平板电脑（26.0%）。这次调查发现，约四分之一的未成年网民使用智能手表（含电话手表）上网。数据显示，学习、听音乐、玩游戏、聊天是近几年未成年人中排名靠前的网络活动。未成年网民通过互联网复习、学习课外知识、接受在线教育辅导的比例均持续增长。新冠肺炎疫情发生后，互联网成为"停课不停学"的重要保障，93.6% 的未成年网民在疫情期间通过网课进行学习。值得注意的是，作为新兴的娱乐方式，未成年人看短视频的比例从 2018 年的 40.5% 增长到了 49.3%，粉丝应援活动也达到 8.0%，其中主要参与者为初中生。[2]

这意味着，随着智能手机的普及，大部分中学生已经开始通过手机来获取信息，这种获取信息的方式更为快捷，更具有隐蔽性。

目前强大的智能手机基本可以取代电脑，拥有手机的中学生即使不主动去检索自己想了解的信息，也会被各种信息软件推送最热门的话题和最前卫的时尚信息。

不仅如此，随着微信、微博等媒介终端成为每个中学生所熟练掌握的信息接受和传播工具，每个中学生甚至可以成为一个自媒体的创造者，变

---

[1] 共青团中央维护青少年权益部，中国互联网络信息中心.2020 年度全国未成年人互联网使用情况的调研报告（解读稿）[J].中国共青团，2021（15）：13-14.
[2] 共青团中央维护青少年权益部，中国互联网络信息中心.2020 年度全国未成年人互联网使用情况的调研报告（解读稿）[J].中国共青团，2021（15）：13-14.

成网络舆论的引领者。比如2011年，南京某中学一普通应届毕业生以"糗事大百科"为名开的微博，已经坐拥60万粉丝。

在以往研究少年社会化问题的时候，专家们一向认为应主要依靠学校教育、家庭教育和社会教育。而现在中学生接受文化信息最主要的来源首先是大众传播媒介和同龄人群体，而来自教师和父母的信息对于他们而言已经没有以往那么重要。特别是在信息高速传播的时代，孩子的好奇心和对新事物快速接纳的能力，使得他们能更轻易地接触和了解到父母所不熟知的东西。试想，当孩子发现老师和父母所了解和持有的信息远比自己落后时，他们还怎么会有与老师和家长交流的兴趣呢？所以，新时期的中学生也让师生关系遇到了新挑战。

一个有生理缺陷的孩子终于顺利地从小学毕业后，父母写来6000多字的感谢信，其中写道："一位好的老师就像指南针，在沙漠里给你指引方向，让你找到希望，找到光明，找到自信。"

这位好老师就是南京市芳草园小学的高级教师郭文红。

2019年7月，我与郭老师就见过面。因为早就有联系，我利用在南京转车的机会，与她相约喝茶聊天。郭老师气色健康，更是热情如火，谈起学生的趣事滔滔不绝，使我总难以相信她是数学教师。因为自己数理化学得差，我见到理科教师总感到心虚，便与其探讨为什么许多孩子怕数学。她说，绝大多数孩子都可以学好数学，三毛和崔永元等人少年时代学习数学困难，首先在于遭受挫折和打击，其次是某些环节缺失，难以循序渐进，因为数学逻辑性强，需要打好基础，层层递进。我暗自感叹，如果我的童年遇见郭老师，我还会害怕数学吗？

我从事儿童教育50年，发现很多中小学生有一个特点：因为喜欢某个老师而喜欢某门课程，因为讨厌某个老师也讨厌某门课程。由此可见，师生关系多么重要，甚至可能影响学生的人生选择与求知态度。令人感慨的是，学生对老师有一定的选择性，而对父母这个第一任老师是无法选择的。

我希望父母要按照《中华人民共和国家庭教育促进法》的要求，承担起主体责任，做教子有方的好父母。无论是家庭教育还是学校教育，都有一个共同的特点，即好的关系胜过许多教育。郭老师既是数学老师，也是班主任。在我看来，中小学班主任是世界上最重要的班主任，因为他们的素养直接影响几代人的人生观与价值观。

据《江苏教育研究》2018年第9期的报道，一位小学毕业生在初中作文本上写道："像郭文红这样的老师，我们会不喜欢她吗？就连她在办公室里批改作业，我们都愿意趴在办公室外，隔着门缝去看她。"为什么会这样呢？因为郭老师不仅理解和体贴学生，设计出多种多样的方法，释放每一个学生的潜能优势，而且尤为珍惜孩子们在真善美方面的闪光点，给予他们新颖独特的嘉奖和激励。

正是因为对学生有深深的理解和爱，郭老师的教育随笔如诗如画，将人带入至真至纯的境地。其中，《"郭老师，我的同桌说你眼瞎了！"》一文堪为经典。听说学生骂自己眼瞎了，哪个老师都不会开心，郭老师自然也是不爽，但知道其中必有缘由，便与那名学生有了一番交流。那个小男生有点苦兮兮地站在郭老师面前，既紧张又畏缩，身子僵硬着。郭老师确认了他是因为上课没有请他发言，就生气地说郭老师眼睛瞎掉了。郭老师将他搂在怀里，轻轻拍着他的后背问道："在其他课上，你每次都能发到言吗？"小男生摇摇头。"不能发到言，你都会很生气吗？你都会说老师眼睛瞎掉了吗？"小男生听了，再次摇摇头。郭老师搂紧了孩子，对他说："我明白你为什么要说这句话了，其实你是特别想回答郭老师的问题，特别想在数学课上发言，对吗？"小男生的眼泪一瞬间就流下来了，被说中了心思的他既委屈又伤心，而他的身体明显变得柔软起来，顺势就依偎在老师身上。擦完了眼泪，郭老师说："宝贝啊，你上课时想回答问题，郭老师太高兴啦！可是你有没有把这个想法通过一些特别的信号传递给我呢？"郭老师举了一些同学以特别方式举手的例子，小男生明白了，立马轻松了许多。郭老师还追问小男生，这句"眼瞎了"的话从哪里学来的，原来是他不会写作业时，妈妈这样骂过他。郭老师再次拥抱了小男生，与他谈了许多暖心的话。

在郭老师的诸多文章中，《"郭老师，我的同桌说你眼瞎了！"》一文具有一定的代表性，因为它反映了作者的儿童观和教育观。或者说，她的教育思想与方法是有温度的，能够温暖学生的心灵，这是好老师的重要特征。儿童是一个既活跃又未成熟的群体，有时候，他们可能出于高尚的动机，却做了一件愚蠢的事情，也可能做了一件表面上漂亮的事情，而动机未必美好。所以，面对儿童的问题，不能简单地明确是与非或对与错，也不是给予表扬或者批评即可了事，而是需要了解真实的动机及其原因，从根源上引导孩子学会做人。郭老师之所以深受学生们爱戴，就是因为她能够与学生们心灵相通，并且相互关心、彼此支持。

遇见好老师是学生最大的幸运，多一些好老师也是人类的希望。究竟什么样的老师是好老师，我曾经写过一首小诗："如果孩子是鱼，你就是大海。如果孩子是鸟，你就是天空。如果孩子是花，你就是春天！"我把这首小诗赠送给郭文红老师，也赠送给广大的教师和父母朋友。

所以，面对新时期的中小学生，老师只有改变过去那种高高在上的姿态，用更适合学生心理需求的教育方法，先获得学生们的认可，才能建立和维系平等和谐的师生关系。

孙云晓 生活感悟

1. 代际冲突令人烦恼，其实这是人类发展的一种形式，具有积极的意义。很多时候，孩子反抗父母是长大的需要。代际冲突大的社会是进步大的社会，代际冲突小的社会是进步小的社会。心理学家认为，10岁前是崇拜父母的年龄，10岁至20岁是轻视父母的年龄，20岁以后会慢慢地理解和敬重父母。

2. 儿童节是儿童的狂欢节,也是成人的反思节。许多父母说:"我辛辛苦苦供你吃喝,还操心你的学习,你怎么不知道感恩?"还有不少父母限制孩子的兴趣发展,强迫孩子上很多补习班,等等。父母爱孩子是无庸置疑的,但什么是真爱值得反思。近一百年前,鲁迅就批判过亲子关系中的感恩观念。我的老朋友、中国社科院的卜卫教授认为,媒介素养教育的过程就是青少年重新获得(收回)自己应有的权利和主体性并发展有效地行使权利的能力的过程。其实,赋权与赋能也是儿童教育的根本原则。儿童拥有生存权、发展权、受保护权和参与权四大基本权利,这是任何人都无权剥夺的。有真爱的父母与教师最显著的特质是,既尊重和维护儿童的权利(赋权),又引导和培养儿童自主、自律、自强的能力(赋能)。

第三节　侵犯隐私就是侵犯人格

为什么当老师公然翻阅学生日记时，学生有一种被剥光衣服的感觉呢？这就是隐私权被剥夺引起的心理失衡，学生的人格尊严受到了侵犯。而法律保护公民的人格尊严不受侵犯。2022年1月1日开始实施的《中华人民共和国家庭教育促进法》明确规定："尊重未成年人人格尊严，保护未成年人隐私权和个人信息，保障未成年人合法权益。"这充分说明，未成年人的个人隐私是不准别人非法公开的。

老师当众看我的日记，还不时用眼瞥我，我觉得像被剥光衣服一样耻辱！
广东某县初二女生孟佳来信说：

大概是我从不在乎与男生说笑，从不把那条"男女生之间不要太随便"的班规放在心上，老师总担心我会出什么问题。只要我周围有男生，过不了几天，老师总找我谈话，要我注意影响。

说真的，老师有时说的话简直让人不能容忍。听她那意思，好像我是妖怪，是飞女，好像我就要和拖手仔"拍拖"了。

我真不明白，跟男生说几句话，开个玩笑，就那么严重？倒是这期间发生的另一件事，在我的心中划下了一道深深的伤痕！

那一天的自习课上，我正在整理书本，冷不防被身后一个同学抢走了日记本。我急忙向他要，正巧被老师发现，她走过来拿走了我的日记本。

我以为老师会给我，她却看了起来。我马上站起来说："老师，那是我的日记，你不能看。"可老师并不理睬我，一转身又看了起来。老师每翻动一页，我的心就像被刀刮了一下。

日记是个人的秘密，不经本人许可，别人无权翻阅。可是，老师却当众看我的日记，还不时用眼瞥我，我觉得像被剥光衣服一样耻辱！过了一会儿，老师合上了日记。我想这回总该还我了吧？可她竟拿走了。

老师一走出教室，我真想大哭一场，可同学们都注视着我，我只得压下流泪的冲动，强装出微笑和她们说话。

放学回家后，我马上给老师写了一封抗议书。

老师倒主动找我了，要我到她家去。我心中有气，路上故意磨磨蹭蹭。也不知为什么，我狠狠地用拳头擂墙，默默地看着鲜血慢慢地冒出来流到地上，竟觉不出疼痛，只用手绢胡乱包了一下，就去听候"审判"了。

以前，虽然我曾抡起凳子与男生打架，但在老师的眼里，我起码还是一个好学生，因为我的学习成绩名列前茅。她还没看到我的另一面——一个粗野无羁的叛逆者，她也没有见到我那么多违犯班规的"罪状"。

总之，我有许多出格的事儿都暴露在日记里，让老师连锅儿端了！说起老师"教育"我时的那副模样，真好像明天我就得进拘留所！从那天起，一向快乐的我沉默了，心也冷了许多，从来不会恨别人的我，心中开始仇恨一个人。

中学生给我的信中，谈老师强行收去并看日记的事不少。

湖北一名高一男生刘胜说："我们的班主任太可怕。他逼我们写周记，写心里话，然后交给他，供他大发感慨。我们只好编些谎话来骗他。我们活得太累了！"

四川一名初二女生秦春柳更惨，她的日记不但被老师看了，而且被老师向父母通报，从此，日记本被父亲锁进了箱子。秦春柳哀叹道："我的心变得好碎好碎。"其实，尽管中学生对老师看自己日记如何不能容忍，但老师此举多出于善良之心，出于一种责任感。这一点，中学生本人也是承认的，但他们在感情上无法接受，在心理上坚决排斥。从良好的动机出发，得到极坏的结果，不少老师常常做出这种令人尴尬的行为。

出于自我保护的本能，每个人都需要享有隐私权。隐私是公民不愿告诉别人的或不愿公开的个人私生活，而隐私权则是公民依法享有的不受他人干涉的权利或自己的私生活不受他人侵犯，他人不得非法公开的权利。

《中华人民共和国宪法》规定了"中华人民共和国公民的人格尊严不受侵犯"；在《中华人民共和国未成年人保护法》第四章"社会保护"中，专门规定了一条："任何组织和个人不得披露未成年人的个人隐私。"日记当然属于个人隐私的范畴。为什么当老师公然翻阅学生日记时，学生有一种被剥光衣服的感觉呢？这就是隐私权被剥夺引起的心理失衡，学生的人格尊严受到了侵犯。而法律保护公民的人格尊严不受侵犯，就包括保护个人隐私权不受他人侵犯，说明公民的个人隐私是不准别人非法公开的。

虽然中学生视为超级秘密的日记在成人眼里往往根本算不上秘密，看了又怕什么呢？然而，所有强行看或偷偷看中学生日记的成人，又毫无例外地遭到中学生的激烈抨击。这是为什么呢？

首先，有是否尊重个人隐私的问题，即对人的尊重问题。在此问题上，中学生远比成年人更敏感、更容易冲动，因为他们的隐私范围是极有限的，自然是"寸土必争"。其次，有心理承受力的差异问题，即与成人的差异。成人毫不在意的事，在中学生眼里可能是惊心动魄的事，也许是第一次经历的缘故，他们要悄悄地记录下来，反复地思考着，这其实是一个自我心理适应的过程。等他们长大了，也可能会回眸一笑："哦，当初真可笑！"心中有秘密的人，往往活得不会轻松。因此，中学生虽然想掩饰自己的秘密，但同时又想找知心人诉说自己的秘密，以减轻内心的负荷。多位中学生肯把几年来的日记寄给我，或交与同龄朋友看，便是一个证明。

但是，一般情况下，中学生不愿意让老师和父母看自己的日记，因为教师和父母通常是管理者的角色，正是孩子们最提防的人。既然如此，教师和父母不宜采取强制行动，否则便会加倍地增加教育难度，使两代人之间结出三尺寒冰。

让中学生无法容忍的事情，除了日记被看之外，还有老师对学生的非法搜查。在学生和老师之间有许多矛盾，其中最让人气愤的是人身自由被侵犯。

湖南某市男中学生史运来在信中说：

> 如果说校外是个大社会，那么校内就是个小社会了。在学生和老师之间有许多矛盾，其中最让人气愤的是人身自由被侵犯。
>
> 我们中学大部分学生住校，宿舍里有时会发生丢东西的事。
>
> 一天，班主任毛老师把我和另一个同学叫到宿舍里，气氛紧张。毛老师命令我们打开箱子，说是看看别人丢的东西是否和我们有关。
>
> 我没作声，另一个男生却被老师态度所激，拒不开箱，并跟老师激烈地争吵起来，说老师是非法搜查，没有搜查证就不开箱。
>
> 毛老师是铁腕人物，学生怎么说得过他？他像是给我们下最后通牒一般，问道："到底是开还是不开？"后果我们都是明白的，只好屈辱地服从了。其实，那个男生和我一样，箱子里没什么东西，更没有别人丢的东西。
>
> 这件事在同学们中引起轩然大波。
>
> 在极大的愤怒之下，我和那名同命运的男生都把此事经过写了出来，准备在网上公布出来，并寄签名信给教育局。本校是文明单位，出了这样的事，教育局岂能坐视不管？可是，校领导告诫了同学们，劝大家千万别往外写信，更不要捅到网上，说这文明单位的牌子若砸了，如何如何麻烦等等。结果，这件事不了了之。可惜那封许多男同学都签了名的揭发信，也不知落到哪儿了。但这件事在我们的心中是

永远难忘的……

类似的信还有好多，其细节惊人地相似，反映了某些教师相同的缺点——法律意识淡薄。

2013年9月7日，《华商报》报道了西安市某中学老师为了查学生是否带手机而对学生进行搜身的新闻：

"今晚学校四个领导、一个老师对全校学生搜身，是搜手机，搜的时候让学生全部站在墙角，一个一个搜，搜身，搜书包，搜抽屉，把学生的手机、充电宝、数据线全拿走了。"昨日凌晨零时许，数名高二学生向本报反映了从9月5日晚9时许开始发生的这起事件。

一李姓学生说，学校领导搜身时，除学生的内裤没搜外，其他地方都搜遍了，"我把手机藏在内裤里，才没被收走"。而另一名李姓学生则说，老师们之所以这么做，是因为有学生在教室使用手机。此次搜查的对象包括初三、高二及高三年级所有学生，对女生也没放过。

"校领导对全体学生进行搜身，侵犯了我们的人权和隐私权。"该校高二学生小许表示，"学校限制我们玩手机我们能理解，但搜身难以接受。"

《中华人民共和国宪法》第三十七条规定："中华人民共和国公民的人身自由不受侵犯。"第三十九条还规定了"禁止非法搜查"。这些都是为了保护公民的人格尊严。从某种角度上说，这些法律规定本身已具有丰富的教育因素：人只有受到尊重的时候，才会真正受到教育。

孙云晓生活感悟

1. 据吴学昭回忆，杨绛在103岁时，为了保护自己及他人的隐私，亲手毁了写了多年的日记，毁了许多友人的来信。如此果决的告别，该需要多大的勇气？其实，日记就是写给自己的，是与自己的心灵对话，离开人世之前毁掉，也就实现了日记的价值。当然，有些人的日记留下来也有价值，但应该像杨绛一样，以不侵害他人隐私为原则。

2. 为什么不宜当众教子？为什么不可暴露孩子的隐私？因为孩子的心是极其敏感的，也是极其稚嫩的。蒙台梭利给幼儿上如何擤鼻涕的课，居然受到热烈欢迎，因为幼儿在擤鼻涕方面存在许多困难，经常受到指责，成年人干脆把手绢系在孩子身上。切记：儿童有一种强烈的个人尊严感。

3. 两代人应当相互尊重各自的秘密，并将此视为尊重他人人格尊严的重要内容。尤其是父母，要尊重孩子的权利，不偷看孩子的日记和信件，不偷听孩子的电话，不强迫孩子说出不想公开的秘密。父母的魅力在于通过自己的人格力量影响孩子，使孩子能够独立面对秘密并从容、恰当地处置。

4. 有些父母偷看孩子的日记和聊天记录，有的甚至还跟踪孩子放学后干什么。这样做的父母大都是爱孩子的，但这不是真正的爱，真正的爱必须以理解和尊重为前提，没有尊重就没有真爱。当孩子拥有秘密的时候，是最需要尊重的时候。孩子长大了，需要独立面对世界，需要独立的体验与思考。

第四节　失去公平也就失去了信任

对于儿童来说，公平公正可能比法律还重要，因为这是他们最容易理解的"天理"，也是他们最愿意接受的道德原则。所以，无论是父母还是教师，如果想取得教育的成功，都需要坚持公平公正的原则。父母和教师的心中都务必确立一个重大的准则，即每一个孩子都是重要的，要一视同仁。

在我收到的来信中，抱怨教师不公平的现象十分常见，说明这是学生最敏感的问题之一。

有些老师的那张脸、那张嘴对同学也很有"分寸"：对优等生一张嘴便是花，完美无缺，而对差生一张嘴就是无能废物。

安徽某市初三男生田丰在信中说：

我是一个农村孩子，进到城里的中学念书。我发现，老师对同学是分等级的。当然，对好学生多照顾一些是可以理解的，这在哪个学校都一样。可是，差生的日子在班里也太难过了！平时，排座位按分，评"三好"按分，参加什么活动也按分。好端端的同学被折磨得成天抬不起头，活着总也没劲。

由于这个原因，同学关系也很难处。班里的同学们化成阶级：优等生、中等生、差等生。三个阶级之间平日素不往来，互相似乎也不认识。偶尔井水犯了河水，便是矛盾——"阶级矛盾"。

孙老师，请您告诉我，如今的老师和同学到底怎么啦？

在中学生看来，老师的不公平有多种形式，有的以成绩区分学生，有的以容貌区分学生，有的以性别区分学生，有的以地位区分学生，等等。田丰无疑是被按成绩分的，或许还有城乡差别的因素在内。

我恨上帝为什么对我如此不公平，把女孩子的所有缺点都集中在我的身上！

自认为相貌丑陋的女中学生刘慧慧是浙江农村的女孩。她在来信中诉说道：

> 我从小学开始爱上了写作。上初中后，每次老师布置作文，我都努力写好，盼望老师能发现我，给我一个好评语，但是一直没有。
>
> 到了初二，我们的语文老师调了，新来的老师让我们每人写篇记叙文，并说全年级要评比。结果，我的作文幸运地排在前5名。
>
> 我不知道自己在前5名中排第几，老师没告诉我，我也不敢去问。在我们这里，一个学习成绩不那么好的学生，刚有点儿进步就去问老师，是会遭到同学们的讽刺和嘲笑的。但不管怎么说，进入了前5名总是让人高兴的。
>
> 也许，老师给我排评比成绩时，不知道我是个丑女孩，笨头笨脑的。过了一段时间，他知道了，再有什么参加市区作文竞赛的机会，也不让我去了，而那些前5名之后的同学倒去了。
>
> 这件事，我敢怒不敢言：谁叫自己相貌生得这么丑？谁叫自己的父母没有地位，只是贫苦的农民？我恨老天爷为什么对我如此不公平，把女孩子的所有缺点都集中在我的身上！孙老师，像我这样的学生在农村是很多很多的。在别人眼里，我们极平常极平常，可我们内心非常复杂，又有太多的幻想和太多的敏感。我们做任何一件事，都梦想着成功后让人钦佩，让人改变对自己的看法。然而，我还从来没成功过。

没有朋友安慰，更得不到老师关怀，我这个丑女孩太孤独、太可怜了。

刘慧慧的自卑感太强了，这可能是她走向成功的极大障碍。在此之前她来过一封信，只说自己悲观至极，并未说明原因。我给她去了一封信，鼓励她勇敢地面对人生，冷静地分析自己的处境，她才回了这样一封信。尽管她说的事在一般人眼里算不了什么，她却"心里好矛盾好矛盾"，"差点儿又没勇气说出来"。

就刘慧慧来说，也许是过于敏感和多疑了。老师没让她去市区参赛，一定就是因为她长得丑吗？不一定。她的成绩不稳定，偶尔进了前5名固然可喜，但就因此让她去参加市区比赛，恐怕也有不妥。为什么不可以挑选别人呢？敏感有时是自卑的表现，而自卑往往会产生错误的判断，因为心理因素使其判断倾斜，难以得出客观的结论。

当然，在现实生活中，相貌丑的女孩容易被人冷落，这也是无可否认的事实。爱美厌丑是人的自然心理趋向。但是在对待学生的时候，老师极需要调整这一趋向，爱护每一个学生，使孩子们心理平衡。有时候，老师在无意中流露出来的偏向，会像锋利的刀子一样刺伤学生的心。

相貌丑的人尤其需要自信。容貌虽无法选择，气质却可以逐渐养成，而气质比容貌更有魅力，更具有深刻的意义。以人的交往而论，越往深处发展，越会发现气质的价值，而越不在意容貌丑俊。

我同班主任并未发生那类"事情"，但我对那个老师的评价越来越低，甚至觉得讨厌，处处躲着他。

其实，被老师偏爱的学生内心也未必安宁。河北某县高一女生叶红的经历正是如此。

她说：

我是一个多愁善感的女孩，许多事情憋在心里不对人说，独自默默叹息。

上初三时，班主任是一位刚调来的男教师，30多岁，身材高大魁梧，给人的印象很严厉。同学们都挺怕他。

可能由于初一、初二是优秀班干部，初三我仍然当班长，与班主任接触的机会就多一些。班主任对我也特别关心。

有一段时间，我的数学成绩下降很快，内心烦躁不安，精神不振。班主任找我谈话谈到晚上11点半。我当然非常感激老师的关怀，但父母一遍遍教训我，说我是个女孩，要注意……原因是那次谈话是在班主任家里，而他的妻子并不在。

令我烦恼的是，班主任上课时老是有意无意地看我，使我很不自在。开始，我仍认为这是老师对我的关心，尽量装出若无其事的样子。但是，我的眼睛从不敢与他对视，每次听他的课，总感到一双眼睛在我脸上捕捉什么。于是爸爸妈妈的话让我担心和害怕起来。

特别是后来，有点芝麻大的小事，班主任也把我找去问这说那，还想给我开小灶。每次收的卷子很多，他总先挑出我的批改。为此，同学们嫉妒地攻击我："老师净偏向你！"我心里很难受，也很矛盾。

直到初中毕业，同班的好朋友才告诉我，说她们一直为我担心，但又怕影响我的情绪，才没实说。

我同班主任并未发生那类"事情"，但我对那个老师的评价越来越低，甚至觉得讨厌，处处躲着他。升入高中后再回母校，我都从未正面看过他，因为我心里很乱很乱。和我一同回去的同学个个兴高采烈，我却沉默和不自然。临别时，我才低头对班主任说一句："老师，我们走了。"然后就匆匆地离开了。

如今，这段记忆还在我的内心深处，沉思时老是想起，还是那种说不出的复杂情感，搅得我内心不宁，学习成绩由第3名下降到第18名……

我相信叶红讲的是真实的经历，也是真实的感觉。与她相类似的情况，其他女中学生的来信中也谈起过，有的程度比她还严重一些。

我想，学生总习惯于神化老师的形象，一旦碰上意外情况，就产生种种困惑不解。其实，老师也是人，也有七情六欲，并不会因职业的神圣而完全改变。

从叶红说的情况看，那位男老师对她的确偏爱，甚至萌动着一种超越师生关系的情感。但男老师的心理也是矛盾的：一方面，他在放纵自己，屡屡做出偏爱的举动；另一方面，他也在克制自己，毕竟受过相当的教育，毕竟有师德的影响，等等。因此，他并没有完全失去理智。

到了初中阶段，几乎所有的学生都出现了叫作副性征的新的男女差别。由于性腺的不断发育，性激素的分泌也多了起来。这样，他们更强烈地意识到了男女的差别。

由此，在与年轻的异性老师的交往中，他们会变得格外敏感一些。作为中学生来说，应当对老师做到尊敬而不失礼，感激而不放纵，尤其不宜与异性老师建立秘密关系。

一般来说，不宜单独到异性老师宿舍里或家里去长谈。譬如，那位男教师在妻子不在的情况下，把初三女生找回家谈到深夜11点半，显然是不妥当的，难怪学生父母不放心。说透一点，在那种时空条件下，更容易酿成冲动和危机，而这危机常常是少男少女所意想不到的，更谈不上什么经验。

叶红之所以至今内心不宁，也许是对那段经历尚未认识清楚。所谓模糊，是指她无从界定那份情感，也无法驾驭那份情感，因而心中像塞了一团棉花。

其实，她应该庆幸，庆幸避开了可能发生的麻烦，庆幸自己增长了一点经验，庆幸自己开始了新的生活。具体到对那位男教师的态度，该感激的自然要感激，不该发展的关系不能发展，以磊落大方代替沉默拘束为好。

前面几封中学生来信集中反映了教师不公平待人的问题，我们可以清楚地看到，这些问题已经极大损害了教师的形象。

学生讨厌什么样的教师？在所有的优秀教师标准当中，几乎都有公正这一条，而在学生讨厌的教师特征中，毫无例外全有偏爱这一条。

优秀的教师具有权威性，他们对事物的评价如准则一样，对学生有极大的影响力。这样的老师即使批评学生，学生也会心悦诚服，依然敬重老师。这种权威性来自何处呢？首先来自科学性，其次便来自公正性。

有公正才有希望，有公正才有是非，有公正才有人心，有公正才有正气。封建时代的帝王为了笼络人心，宣扬"王子犯法与庶民同罪"，就是发现了不公平不能平天下的规律。

偏爱和公正恰恰相反。偏爱无希望，偏爱无是非，偏爱无人心，偏爱无正气。在一个人身上失去原则，在众人面前就失去了说服力，也就失去了权威。其结果，必定引起学生与学生之间、学生与老师之间的矛盾，而这些矛盾的裂痕越大，离心力越强。

中学时代是渴望自立的时代，而自立的含义是靠自己的真才实学与人格自立，在公平竞争中获胜，才能让社会承认和接纳。如果靠老师特殊关照，即使获胜，又有什么可光彩的？得不到同龄人的承认，对中学生来说是最痛苦的，因为他们的命运毕竟是连在一起的。从这个意义上讲，偏爱和不公正实乃害人之举，当力戒之。

值得欣慰的是，"00后"比"90后"更多地感受到了师生关系的改善。中国青少年研究中心《从"90后"到"00后"中国少年儿童发展状况调查报告》认为，民主平等、相互尊重不仅是现代师生关系的主要标志，也是现代新型教学关系的需要，具体表现为老师对班级事务民主的处理方式、对学生话语权的尊重和对学生的一视同仁。调查显示，65.7%的"00后"认为老师会经常让大家出主意、想办法参与班级管理，比"90后"高7.2个百分点；54.8%评价老师做错事经常会主动认错，比"90后"高7.7个百分点；52.7%评价老师从来没有不允许学生辩解的情形，比"90后"高4.2个百分点；56.0%评价老师从来没有处理事情不公平的情形，比"90后"高10.1个百分点。此外，"00后"认为，82.5%的老师从来不或很少不喜欢学习差的学生，94.9%的老师从来不或很少不喜欢经济条件差的学生，94.3%的老师从来不或很少不喜欢相貌不好的学生，91.2%的老师从来不或很少不喜欢爱提意见的学生，均比"90后"有所增加。这说明，10年来，老师的职业道德得到稳步提升。①

> **孙云晓**
> **生活感悟**
>
> 1. 三好学生评比的弊端不仅在于把学生分成不同等级，而且是以确定有限比例的僵硬方式把许多学生排除在外，这不符合以人为本的教育导向，更难以实现人人可以成功的现代教育追求。学生是需要目标激励的，也是需要榜样的，所以，改革的方向应该是机会均等，公平公正，人人有希望。
>
> 2. 考核无法"过滤"问题教师，关键还是科学的管理。某地规定，教师与学生谈话必须4人以上，显然是不可行的，因为学生有些涉及隐私的事情可能愿意告诉老师，却不希望他人知晓。中国政法大学教授曲新久认为，教师与学生单独谈话当然不适合在教师宿舍，应在办公室进行，并且要开着门。
>
> 3. 2019年10月在上海，我应邀出席2019教育世家家庭教育高峰论坛，有幸与脑科学家洪兰教授交流并听其演讲。洪兰认为，孩子的大脑发展最适合的地方是温馨的家庭；最佳的营养是安全感；最好的刺激是父母的陪伴。她建议父母们，不要拿自己的孩子跟别人比，基因不同，后天生长的环境也不相同，所以比是不公平的。孩子只能跟自己比。用欣赏的眼光去看孩子，你会看到孩子的长处；用正向的态度去看待事情，你会找到解决的方式。听洪兰讲演最深的启示，就是儿童的成长与教育是有规律的，找到并遵循这些规律才是成功之道。

---

① 中国青少年研究中心.从"90后"到"00后"中国少年儿童发展状况调查报告[M]. 北京：中国青年出版社，2016：15.

第五节　往坏处想，是代际沟通障碍的一块顽石

　　批评的艺术在于打开彼此信任的大门，而要达成此目标，除了爱心和尊重之外，别无良策。批评要以唤起人的觉醒与信心为目的。对人来说，成功是希望，失败也是希望，因为失败暴露了成功的障碍，一旦排除，希望即在眼前。

　　往坏处想，有时是制造冤案之路。

　　写下"冤案"这两个字，我的心里沉甸甸的。

　　中学生——花朵一样的孩子，怎么会有冤案？师生关系纵然有些紧张，又能制造出什么冤案呢？

　　可是，手里这几封放不下的来信，又让我无法避开这两个字，因为那是中学生的血泪与呐喊！

　　请读者耐住性子，先读完两封来信。

　　江苏某县初三女生何玉华在信中说：

　　在您收到的中学生来信中，我这封信一定是最不显眼的；从文笔到内容，这封信一定是最平淡的。可是，您无论如何得读下去，千万要读完！初二时，我们班换了位刚毕业的女老师当班主任。她年轻、自信，写一手好字，颇有才华。直到现在，我也不否认她对工作很负责。可有一天，我忽然发现她是最让我无法容忍的一个老师！

　　早自习秩序乱，班主任让班干部轮流值日监督，发现谁不遵守纪律，就让其大名载入"值日史册"。

　　班长值日那天，由于我向同学询问一个单词，他就把我的名字记了下来。我知道后很恼火，说："他可真'负责'，迟早有一天会后悔

的!"本来,我的意思是,等我值日那天,也要抓他的"小辫子"。这完全是一句气话。谁知,这句话惹下大麻烦,并从这件事改变了我整个人。

第二天我走进教室,班里像炸开锅一样热闹。我一问,同学们乐呵呵地说:"大班长的书包昨天没带回家,今早一看,书包带子被人割断了。"由于班长平时爱打小报告,同学们对此都幸灾乐祸。

"何玉华,跟我到办公室来一趟!"我的背后传来班主任的声音。班里一下子静了下来,所有的目光都投在我身上。我一进办公室,班主任就问:"班长的书包带子怎么回事?"她声音很重,脸上没有一丝表情,冷得让我心寒。我回答:"我怎么晓得?"俗话说,没做亏心事,不怕鬼叫门。我心里很平静。

"不问你问谁?不是你还有谁?你昨天放学后是否留下来打扫卫生了?你昨天是否说过'要让他后悔'?你是否被记名了……"班主任劈头盖脸的一连串问话让我怔住了。

我大声说:"你……我,我没干!"这时,办公室里的老师们都围了过来。班主任依然目不转睛地盯着我,问:"那么,你真能说明自己没问题?""我没有一点点问题!"听我大声嚷着,她又问:"真的没有?"最大的痛苦和委屈,莫过于被人冤枉和诬蔑,而眼下冤枉我的,却是我平时尊敬的老师。

我激动地大叫起来:"没有!就是没有!我已经说过了,不想再重复!老师,你凭什么诬蔑我?就凭我说过的一句话?就凭你的猜度,还是凭你的自信和自负?"不知什么时候,泪水已从我眼中流出,我的唇已被咬出了血。

班主任也失去了往日的矜持,说:"你住口!你还不知道你做的事有多愚蠢!你的报复手段令人多么无法容忍!我看你应好好检查一下自己了!"说罢,她"霍"地站起身,走出了办公室。其他老师也上课去了,只留下我一个人呆呆地站在那里。

检查吗?我不需要检查!我的心里坦坦荡荡的,我没有错,我不甘心背上这个"莫须有"的罪名！可是，有谁相信我？我站了三节课后回到了教室，同学们竟用异样的眼光看着我。当我走在校园里，背后总有人对我指指点点。

从此，我失去了往日的天真和活泼，变得阴郁和沉闷。我是班里的文娱委员，也是学校的文艺积极分子，可我再也不热心那些事了，我的心里结了冰……

我知道自己长得很漂亮，这是个错误吗？许多男孩子给我写所谓的"情书"，这是我的责任吗？

青春期像变化莫测的夏天一样，一会儿是晴空万里，一会儿是狂风暴雨。一年之前，东北某县女中学生荷小洁与我建立了通信联系。

她是校刊的主编，春风得意，雄心勃勃。谁想一年后，她又来信时，已是满篇辛酸泪，行行坏消息。

荷小洁的父母很宠爱自己的孩子，使女儿几乎一帆风顺。荷小洁，名字雅气，人也漂亮，又是尖子学生，几乎要达到幸运的顶峰，却骤然被击了个七零八落：校刊停了，她恨得发疯；"情书"多了，惹来一身麻烦；成绩下降，压力成倍增加；最难忍的是班主任老师那张嘴……

她写道：

我知道自己长得很漂亮，这是个错误吗？许多男孩子给我写所谓的"情书"，这是我的责任吗？我懂得如何处理，与他们真诚地交谈，不超越同学的界线。可是住宿——糟就糟在这里，高中的和社会上的男孩子常常来找我，在校外堵我，我已经应付不了了，因为他们固执得很，不像本班男生那么容易说服。

我检查自己，平时没有疯疯癫癫，没有刻意打扮，而是尽量遮掩，为什么惹来这么多人？宿舍纪律一点不严，寝务老师不守职，外边的人可以随便来打扰我，我只有到处躲。这样，我的学习成绩慢慢落了下来。

　　幸运的是，初二的班主任是个"理解式"的老师，把我领回家住。可这是长久之计吗？过了些日子，我谢绝了老师的保护，又回校住宿了。

　　偶然，小说一样的奇遇，我结识了六个朋友：三个男孩和三个女孩。各自不同的经历和学历，使我们成了好朋友。真诚纯洁的友情唤回了我掩埋的童心，我们一起野餐、爬山、钓鱼……我快乐地忘了一切。

　　这段友谊是我生命之歌中最动听、最难忘的一个小插曲。我们的友谊让别人怀疑和嫉妒，但我们什么都不在乎。为了证明友谊是清白的，我们七个人形影不离。

　　是的，这也有错，我的学习成绩直线下降，老师开始警告我了。但是，暑假中我仍与那六位朋友通信。

　　升入初三后，换了校长的夫人当班主任，我的一生也由此改变。她竟在班上公然说我"年纪小却懂得勾引人"，"苍蝇不叮无缝的蛋"，"出了事才甘心哪"……我差点儿晕倒。我不相信这肮脏的话能出自一个年年被评为省优秀教师的人之口！事情并没结束。校长三天两头把我和其他三个女孩弄到教导处写检查（后来才知道，又是为他的夫人评省优秀教师收集材料）。他们几个人围着我们，像对犯人一样厉声斥问，可我们能写什么呢？他们逼我们到深夜。

　　最可耻的是，校长和夫人居然说，只要我们承认是让社会青年——另外三个男孩子——勾引的，就不再惩罚我们。有个女孩为了保全自己就照此说了。他们胜利了，"罪证"到手了。

　　我惊呆了，我不能诬陷那三个男孩子！我们之间只有友谊，根本不存在"勾引"。我彻底绝望了。人间还有"真诚"吗？我们清清白白却被扣上罪名！我不服，可我又能怎样？我流着泪写下了一份遗书，悄悄地走了。

　　是的，我才16岁，生命刚刚开始，我不想如此轻生，可这世界已难容我存在。明知这样很傻，明知自己还留恋人间，我却只有此路可走了。

也许是我死的勇气不足,也许爸爸妈妈发现遗书及时,他们千方百计把我找回了家。我累了,倦了,就此休学。

第二年春天,我才进入另一所中学。新的班主任不听一切谣言,毅然收下了我,我当然要拼命地学习和施展才能。

我每天向学校的"校园之声"投稿,主持这项工作的老师发现了我。她是朋友式的老师,听我讲了过去的经历,并不在意。我们重新办起了校刊,我仍任主编,自编自写自画,影响越来越大,由免费发行变为订阅后仍供不应求。生命再一次显出迷人的光彩,我又找回了自己。

谁知,半年之后,世道又变了,天昏地暗。原来那所中学的校长调来此校,他在全体老师会上点我的名说:"A中不要的学生你们当宝贝,把B中搞得乌烟瘴气!"(这是班主任告诉我的)不久,班主任换了,校刊停了,我的主编也没了,我再度陷入苦海之中……

青春期是人的第二次诞生期,这是人生中很关键而又很脆弱的时期,自然也是各种矛盾乃至心理疾病的高发期。

正如日本心理学家依田新教授所说:"青年意识到自我,珍视自我,想拼命地保护自我。此外,感受性敏锐,对于评价和承认的要求很强。因此,足以压抑自己的自主行为或伤害自尊心的事,对青年来说是难以忍受的,不少的人由此产生出愤怒的情绪反应。自我被不安所笼罩,就产生恐惧的情绪。"这一分析恰好说明了青春期心理的一个重要特征,也对上面两封来信的心理背景作出了客观揭示。

为什么中学生对于别人的评价格外注意呢?随着自我意识的强化,中学生开始重新审视自己和周围的人,试探着走向未来的道路,并不时地检验自己的种种能力,而这一切的综合体现是重新塑造自己的形象。

中学生的这种"良苦用心",甚至在衣着和谈吐上也能充分地体现出来。譬如,某个中学生当众摔了一跤,尤其是在异性面前露出了狼狈相,这会使他内心十分难过，因为这破坏了自己的形象。由此小事可以推想，当何玉华被老师指责为"报复"和"愚蠢"，当荷小洁被指责为"勾引人"，她们怎么能不愤怒呢？这些指责犹如重炮一样，足以摧垮少男少女的形象，让他们难以在校园立足。

她们坚信自己是无辜的，却被深深地伤害着，被逼到了绝路上，岂能不全力抗争？如此一来，师生关系便成了敌对关系，教育没播种爱，反倒播种了仇与恨，这不能不说是教育者的失败。

先以荷小洁为例。由于漂亮等原因，经常受到男孩子们的打扰，她已经困难重重，渴望有人来帮她排除干扰。此时，校长夫人接任班主任，又关心荷小洁的处境，这本是一个极好的契机。可为什么一触即崩了呢？或许是因为校长夫人从坏处想荷小洁，认定是她"勾引人"，这怎么能谈得拢呢？离开了信任这个基础，人与人永远无法相互理解。

读两个中学生的来信，我有一个最痛切的感受：当中学生引出麻烦的时候，教师最重要的不是训斥，而是首先给学生说话的权利！即使在执行法律的庄严时刻，当事人也享有申辩的权利。

中国的民事诉讼的原则中，就有保障当事人平等地行使诉讼权利的原则、辩论原则、支持受害人起诉的原则等等。双方当事人就诉讼中争议的问题，有权进行辩论，这既是当事人的一项诉讼权利，也是人民法院审理民事案件必须遵循的准则。

事实也充分表明，只有让人讲话，才会避免造成冤案。涉嫌犯罪的人尚且有说话的权利，犯了错误或被冤枉了的学生为什么没有说话的权利呢？不许人讲话，却强行定罪，这不是黑暗的专制行为吗？批评是必要的，尤其是对那些一帆风顺的学生，适当的批评好似维生素于人的健康一样必要，但批评需要艺术。

首先，批评要以尊重事实为前提，切忌未经调查就下结论。何玉华班主任的失误即出于此。她的推理是：何被班长记了名字，扬言要让班长后悔，恰好值日时发现班长的书包，便动手割断了书包带子……这完全是依据平常经验判断的，照此定论极容易冤枉人。班长得罪人多，为什么不可能是他人所为呢？因此，批评必须走出盲目自信的误区，先调查，后下结论，准确并适度地进行批评。

其次，批评要以对人的关心和爱护为基础，以爱为中心，以情感人，以理服人。

前面两位老师的批评，一开口便陷入了被动。因为她们的态度是质问式的或训斥式的，一下子使双方处于尖锐对立的状态，这是不明智的。

可以说，批评的艺术在于打开彼此信任的大门，而要达成此目标，除了爱心和尊重之外，别无良策。

再次，批评要以唤起人的觉醒与信心为目的。对人来说，成功是希望，失败也是希望，因为失败暴露了成功的障碍，一旦排除，希望即在眼前。

从这个意义上说，批评既应着眼于认识错误，也要着眼于改正错误，让学生实实在在地感受到希望所在。只有在这样的时候，批评的效果才显示出来——批评是爱的特殊方式。老师冤枉学生，自然应负主要责任，这是毫无疑问的。但是，在流不尽的冤屈泪中，也不难发现中学生的明显弱点。

一是遭受挫折时的心理承受能力较低。何玉华受冤屈后，"从此失去了往日的天真和活泼，变得阴郁和沉闷"；而荷小洁受冤屈后，"流着泪写下了一份遗书"，准备离开这个世界。

在人生的道路上，谁都难免会受一些冤屈，受一些挫折，这固然是不幸的事情，但也是经受磨难的好机会。古今中外的历史均证明，只有那些承受得起大磨难的人，才会有大作为。

二是抗争精神不足，化解手段不多。师生在人格上是平等的，在法律面前也是平等的。既然是老师冤枉了自己，可以申辩，不屈从压力。如果与老师说不清楚，可以找教导主任或校长；如果涉及法律，也可以考虑向法院起诉。《中华人民共和国未成年人保护法》第十五条规定："学校、幼儿园的教职员应当尊重未成年人的人格尊严，不得对未成年学生和儿童实施体罚、变相体罚或者其他侮辱人格尊严的行为。"这是国家赋予未成年人的神圣权利。

当然，提倡抗争是指与不公正抗争，是为了坚持真理而抗争，而不是处处与老师作对。提倡抗争与尊敬师长是不矛盾的。明明是老师错了却一味屈从，并不是尊敬师长的表现，而是一种奴性。在中学时代完全没有反抗，师长说什么就是什么，大多数是缺少独立性和创造力的表现，这绝不是师长们所期望的。

孙云晓
生活感悟

1. 当一位中国女教师用流利的英语问罗恩，如何惩罚调皮捣蛋的学生时，这位美国名师回答："先让学生喜欢教师，这样惩罚才有效果。"我想，无论是教师还是父母，只有与孩子建立亲密而信任的关系，才真正具备教育的条件。否则，教育不仅是无效的，还可能变成彼此的伤害。

2. 相信学生才能教育好学生。北京十一学校4000多名中学生都知道校长的手机号码，都可以随时发短信或打电话给校长。我问李希贵校长是否会担心难以应付，他摇摇头说："我相信学生是懂得分寸的，不会随意打搅别人。"也许正是因为有了这样一种信任，校长与全校学生多了沟通的渠道，学校更有凝聚力。

3. 青春期是人的第二次诞生，也是亲子关系全新建构的时期。创作长篇小说《握手在16岁》的时候，是我与中学生最贴心的时候。三万多封中学生读者的来信，给了我强烈的震撼与灵感。20多年后修订再版此书（首版由浙江文艺出版社2018年4月出版），感觉它就像一个时光机，中学生在这里可以看到父母的青春激情，父母则可以重温浪漫岁月，青春的记忆与理解成为两代人沟通的彩虹桥。

第六章

向孩子学习的五个观念

2022年开始实施的《中华人民共和国家庭教育促进法》倡导9种教育方法,其中一个方法为:"相互促进,父母与孩子共同成长。"可以说,这是从法律上确认了两代人相互学习、共同成长的原则。

第一节　现代社会是两代人共同成长的社会

调查显示，约半数的未成年人认为父母的上网技术不如自己。在问及"当你父母上网不会操作时，是否向你请教如何解决（只选一项）"时，近八成的未成年人表示父母请教过自己，选"经常"和"有时"的比例分别为22.7%和56.1%。

早在1965年，法国著名教育家保罗·朗格朗在联合国教科文组织国际成人教育促进委员会上提出了关于终身教育的提案。提案指出，数百年来，人们习惯于把人的一生分为两半，前半生用来接受教育，后半生用来从事劳动，这是毫无科学根据的。教育应当贯穿人的一生。

自此以后，联合国教科文组织在世界范围内积极倡导终身教育的思想，提出"发达国家和发展中国家在今后若干年内制定教育政策的主导思想"应该是终身教育理论，它要求全世界各个国家的教育都要按照终身教育原则进行改革。

2015年10月31日《海峡导报》报道，一少年在房间里准备自杀，父母在房门外浑然不知，而在千里之外的同学通过QQ得知这一消息并报警，才阻止了少年的轻生。

10月28日深夜，福建省漳州市某派出所接到指挥中心指令。有人报警称，其同学在QQ上留言说正在自杀，地点可能是某小区。

驱车赶往事发地途中，民警得知自杀者小东（化名）今年18岁。通过信息查找，民警联系上了小东的父亲，要他立即去做小东的思想工作，阻止其轻生。

民警赶到现场时，小东的父母正在房门外，苦劝儿子开门。一位办案民警称，当时小东在房间内烧炭，父母却没有意识到问题的严重性。由于当时很晚，小东父亲还请孩子母亲先行回房休息。

事态紧急，民警果断强行破门，才发现房间里门窗紧闭，充斥着一股呛鼻的味道，一盆烧着的炭火正放在地上。民警开窗通风，移除炭火，这才将险情解除。民警了解到，小东因家庭矛盾与父母赌气，企图在自己的房间内烧炭自杀，他这种自杀的方法是从网上学到的。

孩子从网上学习到自杀的方式，父母近在咫尺，最终却是千里之外的同学通过网络发现问题的严重性而报警解救。整个事件不仅反映出小东的父母与孩子存在亲子关系的问题，而且可以看出，网络科技也能够加剧家庭教育中代际关系冲突的复杂性，这就要求父母必须有着与孩子共同学习和成长的心态，才能适应新的变化。

网络带给青少年的机遇和问题

哈佛大学法学院伯克曼互联网和社会研究中心的约翰·帕尔弗里教授把新时代的孩子称作"网络原住民"。这些孩子都是在网络社会中出生，生活在网络环境中，并伴随着网络科技的发展而成长。

2014年，中国青少年宫协会儿童媒介素养教育研究中心一项调查显示：幼儿园时期，4.1%的孩子开始玩网游；小学中年级学生周末玩电子媒介的平均时长达63.57分钟；91.8%的初中生使用QQ。

《青少年蓝皮书：中国未成年人互联网运用报告（2020）》数据显示：未成年人首次触网年龄不断降低，10岁及以下开始接触互联网的人数比例达到78%，首次触网的主要年龄段集中在6—10岁。在使用设备方面，手机仍是未成年人上网的主要设备，超过80%的未成年人使用手机上网。中国社会科学院新闻与传播研究所副所长季为民说："语文、数学、英语成为最常见的网课的科目；艺术课程、乐高、编程等这类兴趣拓展的学习，也受到了未成年人和家长的青睐，在疫情期间，达到了69.7%的比例；英语、数学、语文、物理、化学、生物等课程的比例都大大提升了。另外在对网课的效果评价方面,之前有一半的未成年人觉得网课很好,在疫情期间,这个比例和疫情前差不多;有所变化是,有接近半数的未成年人认为,网课的效果没有现实课程好;而认为线上教育更好的未成年人,比例达到了9.4%;还有38.6%的未成年人认为两者差不多,这和疫情前的比例是有差别的。"①

《青少年蓝皮书:中国未成年人互联网运用报告(2021)》调查显示:互联网已然成为中学生经常使用的学习工具。有40.1%的中学生认为获得知识变得容易了,29.9%的中学生通过网络学习了很多新的技能,24.1%的中学生认为互联网使学习变得更加方便,很多课程和作业可以在网上进行。②

这意味着新一代的孩子的生活已经被网络科技广泛渗透。网络科技的发展给孩子的教育带来了新的途径和方法,并在一定程度上推进了教育形式的变革。

共青团中央维护青少年权益部、中国互联网络信息中心(CNNIC)联合发布《2019年全国未成年人互联网使用情况研究报告》,调查发现,未成年人认为互联网主要是:认识世界的窗口(67.1%)、日常学习的助手(66.1%)、娱乐放松的途径(59.3%)、便利生活的工具(53.1%)、认识朋友的渠道(36.5%)、自我表达的空间(18.8%)。未成年网民上网经常从事的各类活动中,排在前三位的是网上学习(89.6%)、听音乐(65.9%)、玩游戏(61.0%)。其他还包括:上网聊天(58.0%)、看短视频(46.2%)、搜索信息(44.9%)、看视频(37.5%)、看动画或漫画(33.2%)、使用社交网站(32.0%)等。③

---

① 青少年蓝皮书:未成年人首次触网年龄持续走低 10 岁及以下触网近 8 成 [EB/OL].(2020-09-22)[2022-06-16]. https://baijiahao.baidu.com/s?id=1678526413762807303&wfr=spider&for=pc.

② 青少年蓝皮书:18.7% 的小学生在观看视频时曾遇到不良信息侵害 [EB/OL].(2021-09-30)[2022-06-16].https://baijiahao.baidu.com/s?id=1712330504721141770&wfr=spider&for=pc.

③ 《2019 年全国未成年人互联网使用情况研究报告》发布 [EB/OL].(2020-05-13)[2022-06-16].http://www.cac.gov.cn/2020-05/13/c_1590919071365700.htm.

对于中小学生而言，网络已经成为他们获取知识和倾吐心声的主要渠道。无论是孩子的社交活动还是学习方式，智能设备和网络都带来了很大的促进和改变。但与此同时，网络也给这些孩子带来了新问题和新风险。

据《潇湘晨报》2021年发布的信息，15岁的中学生小李在家中上网时收到陌生人消息，称购买手机只需要投票和0.1元钱。一直想拥有一台新手机的李同学按照对方要求进入了一个游戏平台。骗子谎称在平台购买商品，结算时钱会全部返还，信以为真的小李陆陆续续通过其母亲的支付宝内的余额和花呗进行支付，损失金额49.4万元。①

这个事件说明，虽然青少年对新技术有着更快的接纳和学习能力，可以通过网络更加便捷地获取知识和人际交往的信息，但由于社会经验的缺乏与不足，他们对网络中存在的危险辨别力不够，这可能让他们随时陷入可能存在的风险和危机。

网络除了带给孩子人际交往和网络侵害的风险，还让越来越多的孩子选择"蜗居"或"宅"在家里，这在很大程度上减少了孩子户外活动的时间。户外活动的减少不利于孩子的健康成长，并且会导致孩子近视率的增加。

2015年10月19日《中国妇女报》报道，中国青少年近视率远高于欧美，低龄化现象严重。

中国一项对6岁学龄儿童近视患病率的试验显示：每日在户外活动累计3小时的孩子近视率仅0.8%，户外活动1小时的孩子近视率则为3%，而每日户外活动仅半小时的孩子近视率为24%。因此，试验证明，每日户外活动3小时，可使学龄儿童几乎不近视。这与美国学者穆蒂和俄亥俄州立大学的团队2012年的研究结果相符，他们发表在《美国医学会》杂志上的一项研究报告称，孩子每天在户外多待40分钟，近视概率就会大大降低。

但实际情况是，中国超过三成以上的受调查儿童平均每天在荧光屏前

---

① 温州市反诈中心发布2021年师生遭遇网络诈骗情况：中学生被骗最多 寒假被骗案激增[EB/OL].（2022-02-22）[2022-06-16].https://baijiahao.baidu.com/s?id=1725428098435923040&wfr=spider&for=pc.

花费1—3个小时，一半以上的中小学生平均每周关注荧光屏的时间超过12个小时，大学生则超过了40个小时。过分依赖电子产品，已经成为青少年近视的主要原因之一。

所以说，网络科技是一把双刃剑，它能带给孩子更多的学习知识和技术的机会，但如果孩子沉溺其中，也有可能伤害孩子的身心。

网络时代需要父母的积极参与

网络的迅猛发展给青少年的成长环境带来了新的变化和冲击，导致一些新的问题产生。但在一定程度上，父母对新技术的学习能力不足，对青少年网络问题认识不足，甚至自己都沉迷于电子产品等自身存在的问题，使得情况更加恶化。

2014年12月11日《中国教育报》报道，中国少先队事业发展中心、中国社会科学院青年中心等联合发布青少年蓝皮书——《中国未成年人互联网运用报告（2013—2014）》。

报告显示，近八成父母对孩子上网情况没有任何监控。

未成年人对使用互联网持一定的矛盾态度，他们能够认识到互联网的负面影响，但有些未成年人仍以较高频率使用互联网。而未成年人的父母对孩子使用互联网基本上持中立的态度。

调查结果表明，有39.32%的父母认为使用互联网的利弊相当，有28.26%的父母认为相对而言弊大于利，有47.58%的父母认为沉迷于网络已经在我国未成年人中成为一个严重的问题。比较而言，有近五成的未成年人认为父母"不太支持"其使用互联网，但有53.97%的父母选择"一般"。

在中立的态度下，父母有意识地规范孩子具体的上网情况，但碍于自身互联网技术能力的不足，而未能实现全面的指导。调查结果显示，有52.41%的父母规定了孩子的上网时间长度，并且有74.17%的父母对孩子上网内容有所要求，但有77.38%的父母对孩子的上网情况没有任何监控。另外报告还指出，"后喻文化"悄然兴起，虽然大多数未成年人在上网时受到父母的管束，但他们普遍认为父母的技术不如自己。

在"父母对你上网的时间和内容有规定吗（只选一项）"的调查结果中，超过八成的未成年人表示父母对于自己上网有一定的规定和指导，只不过规定和指导的方式有所不同："规定时间，没规定内容"为32.6%；"规定时间，也规定内容"为45%；"规定内容，没规定时间"为4.9%；仅有13.4%的学生表示父母对自己上网"没规定，没指导"。这表明在互联网时代，大多数父母对未成年人上网表示担忧，所以对未成年人上网做出规定和提出要求。

在问及"当你父母上网不会操作时，是否向你请教如何解决（只选一项）"时，近八成的未成年人表示父母请教过自己，选"经常"和"有时"的比例分别为22.7%和56.1%。

而事实也的确如此，在互联网的使用方面，存在子代向父代传授知识和技能的反向社会化现象。在问及"你父母的上网技术和你相比怎么样（只选一项）"时，在未成年人对父母互联网技术的评价中，"比我差很多"和"比我差一些"分别占到21.3%和21.1%，累计占42.4%；"比我好很多"和"比我好一些"分别占22.5%和14.7%，累计占37.2%；"和我差不多"的比例为15.5%。从数据来看，大部分未成年人认为父母使用互联网的技术不如自己。整体来看，父母在互联网的使用技术方面滞后于未成年人。

这份报告说明，在数字时代，现代家庭中成年人和未成年人已经不是简单的"教育者"和"被教育者"的关系，而是需要相互学习、共同成长。

父母除了在网络技术上相对孩子有着滞后性，还有些父母连自己都迷恋电子产品，成为"低头族"，甚至忽视了对孩子的陪伴和关心。

据2014年3月13日《武汉晚报》报道，武汉市的三名小学生走进学校的心理咨询室，哭诉手机和电脑"抢走"自己的爸爸妈妈。

其中，四年级的女生小敏（化名）描述，周末，她好不容易有点时间，想让爸爸妈妈带自己到汉阳江滩逛逛，谁知爸爸在电脑中玩游戏大战，妈妈躺在沙发上和别人手机聊天，都说没空陪她，要她一个人去玩，她只好一个人在小区花园独自坐了半天。

记者在对这三个小学生班级中其他同学的父母发起的小调查中也发现，这种现象在小学生父母中并不少见。

所以，在互联网时代，不仅孩子的良好生活和学习习惯需要养成，父母有些存在的问题也需要及时改正，这也说明了两代人互相学习、共同成长的重要性。

在互联网技术方面，孩子对最新的技术和科技产品有着天生的好奇和学习能力，父母可以通过孩子了解目前科技发展的最新成果，向他们学习相关技术和使用方法。同时，父母也可以提供自己的社会经验，让孩子学会自我保护的方法，甚至还可以共同制定使用智能手机等电子产品的家庭规则，彼此监督。这些方法不仅能提升孩子的参与感，而且也是尊重孩子的体现，最终把解决问题的过程变成增强亲子关系的最佳途径。

值得欣喜的是，越来越多的父母已经懂得尊重孩子的重要性，开始学着与孩子共同成长。

2015年5月30日，新浪新闻以"妈妈评审团：新媒体时代以妈妈的标准与孩子共成长"为标题，报道了新媒体时代一些妈妈追求与孩子一起成长的态度。"妈妈评审团"是由首都互联网协会2010年发起成立的民间组织，至2015年共有131位团员，为青少年的网络世界"保驾护航"。

禹女士是妈妈评审团的资深成员。2010年，这个志愿者性质的组织刚刚成立，禹女士就报名参加了。

禹女士回忆，自己最初就是想更好地教育孩子。"我们就是妈妈标准，觉得不适合小孩子的，就会举报给相关部门，由主管部门来认定处理。"

在禹女士印象中，自从2014年的净网行动后，网上的不良信息少了很多。"以前一搜索，就会发现很多，现在好很多了。"

不过随着新媒体的发展，禹女士发现不良信息传播也有了新的渠道。

"两三年前，我们还是通过搜索博客来举报，现在发现APP也会传播大量不良信息。"感慨时间飞逝的同时，禹女士也感叹，现代科技的发展给她们的工作带来了新的挑战。

"作为母亲,一切都是为了孩子,希望他们能够在健康良好的环境中成长。"与禹女士一样,李女士加入妈妈评审团也有多年了。

"以前看到不好的信息,我只是把网页直接关掉,怕孩子会接触到这些不良信息,基本上是刻意回避。"

加入妈妈评审团之后,李女士开始留心这些不良信息,借助首都互联网协会的平台,发现后及时上报到北京市互联网违法和不良信息举报中心。

久而久之,李女士发现,孩子也学会了甄别不良信息。

"有的时候,我在举报一些不良信息时,截图留在了电脑桌面上,不小心会被孩子看到,孩子就问:妈妈,您今天又举报啦?"李女士觉得这样其实很好,"就是潜移默化地引领孩子,坦然面对网络不良信息。"

面对未来尚不知晓的世界,成人已难以告诉孩子这是什么,那是什么。因为孩子不懂的,成人也不懂;成人懂的,孩子亦已明了。

在这个时代,孩子用5年时间学到的东西,可能与成年人花许多年时间掌握的东西差不多。因此,当成人和孩子共同面对未来世界时,他们应该是平等的探索者。共同的使命感和责任感要求两代人相互学习、共同成长。

关于这一变化,我们课题组成员康丽颖曾经访问过时任清华大学副校长、博士生导师谢维和教授,得到了较明晰的回答。

谢教授指出:从社会学的理论上讲,成年人向未成年人学习有这样三个方面的理由:

(1)现在青少年接受的社会压力大,他们要获得自我发展,对社会反弹非常大,他们会自觉不自觉地提出自己的想法,其中有很多想法值得成人学习,而成年人面对着生活的压力,也要接受未成年人的影响。

(2)现在成年人的生活方式和生活结构都发生了变化,随着闲暇时间的不断增多,他们将越来越多地接受未成年人的影响。因为成年人在正式的工作社会中占优势,他们控制着工厂、机关和学校。在闲暇时间里，成年人没有优势可言。孩子则有很大的优势，他们更能接受那些灵活多样的游戏规则。成年人为丰富自己的生活，在休闲方式上要向孩子学习。

（3）一位曾获诺贝尔经济学奖的学者对自由的理解很耐人寻味。他认为，在人的理性的有限性和社会的不确定性都比较大的时期，人的自由程度才会增大。现在未成年人理性的有限性很大，社会的不确定性也很大，所以他们比较自由。同样，成年人也面对着一个充满未知与挑战的社会。两个社会群体都比较自由，双方都面临着选择，在选择过程中，两代人要相互学习，相互借鉴。

在未来社会，学习和教育将伴随人的一生，孩子和成年人都面临着社会问题。成年人面临着发展社会化的问题，面临着完善自我、迎接社会选择的挑战，他们也面临着一个学习与接受继续教育的问题。现在的成人继续教育与过去有很大的不同。过去人生前一阶段的学习能维持后30年的工作需要，现在只能维持几年的需要。过去成年人完成的继续教育是"量"的增加，现在不仅是量的增加，还有"质"的变化。他们需要学习不同的知识来适应社会和职业的变化。

儿童长大的过程是由"生物人（自然人）"变为"社会人"的过程。在这样一个社会化过程中，成年人，尤其是父母与教师，是儿童和青少年的重要的教育者。也可以说，成年人对未成年人的影响仍是促进其社会化的主要方式。

但是，必须看到，社会化是终身的和双向的。信息化决定了两代人的双向社会化，成人可以"化"孩子，孩子也能够"化"成人。在当代中国，未成年人对成年人的教育和影响变得越来越突出，而这种反向社会化在儿童期就已经开始了，只不过不太容易被正视罢了。

孙云晓 生活感悟

1. 信息化时代一个重要特征就是"后喻文化"在兴起,即后辈对前辈的影响越来越大。其实,在文化转型的时代,都可能出现类似的变化。所以,陶行知说:"事实告诉我们。大人能教小孩,小孩也能教大人。"自觉地向孩子学习,是成年人最现实的生存之道,也是实现终身学习的睿智表现。

2. 当父母沉迷于玩手机的时候,怎么可能制止孩子迷恋手机?据广州市少年宫副主任张海波介绍,他们对多省市6至12岁小学生的调查发现,67.7%用过平板电脑,44.5%有自己的手机,半数以上用微博、微信。信息化时代动摇了父母的权威地位,好父母要与孩子一起成长。

3. 儿童之可贵在于能见成人之不见,能听成人之未听,能想成人之不想。其实,成年人如果改变心态,更有能力亲近自然,甚至达到天人合一之圣境,比如能凝神听鸟叫,能静心等花开,就是诗意生活。所以,向孩子学习是追求幸福的一个捷径。

第二节　现代教育是两代人之间的相互影响

孩子以其对新事物的敏感和快速接受的实践,也为成年人适应当代社会提供了一个中介和桥梁,因为所谓"新时代"不可能是一个抽象的东西,它要有所附着。实际上大多数成年人正是从孩子身上感受到新的生活方式、新的思想观念的冲击的。

那么,什么是教育呢?在中国,教育一词最早见于《孟子·尽心上》:"得天下英才而教育之,三乐也。"从广义上说,凡是增进人们的知识、技能和身体健康,影响人们的思想品德的活动,都是教育。

虽然,定义中并未明确谁是教育者,但在实际生活中,成年人教育未成年人已成为天经地义的事实与观念。不过随着社会的发展,目前两代人之间相互影响的教育倾向已经开始显现。

2018年9月,泰国正大集团的董事长谢国民入选"世界最具影响力十大华商人物",2010年他以净资产70亿美元成为泰国首富。2011年8月的一天,他做客央视财经频道"对话华商领袖"栏目,畅谈了对孩子的教育理念,其中就谈到了孩子对自己的影响。

谢国民先生说,他每周都要抽出时间与自己的孙子聊天,向孙子了解关于互联网上的事情,他对互联网并不熟悉,对网上的事情却了如指掌,很重要的一点就是向孩子学习。而孩子在跟他沟通的过程中,学到了他的经营理念和经商之道。这其实就是两代人相互学习、相互影响的最好体现。

两代人的相互影响有时不仅仅体现在技能和知识上,更可能是心灵上的启发。

作者李顺生曾经在《光明日报·家庭周刊》讲述了自己被儿子影响的经过。

儿子的话像一发炮弹，打得我心里好痛，脑袋也"嗡"地震了一声。

这位父亲写道：

我把收存的各式各样的名片拿出来逐一琢磨，取长舍短，精心设计，确定出自己名片的图样：整体为白底，正面主体内容是姓名、单位、职务，并附通讯信息；背面主要内容是近几年在报刊获奖的一些情况及社会职务。我在文印部选纸型，定字体，排顺序，正标点，看效果，直到满意为止。

忽然有一天，儿子郑重地对我说："爸，你的名片不好。"儿子是不是开玩笑？我不经意地问："咋不好？""把在哪儿获奖都印上去，送人家看，不谦虚！"儿子的话像一发炮弹，打得我心里好痛，脑袋也嗡地震了一声。

我业余写作二十多年，十多年前开始在报刊上发表作品。每一个字的发表都是不容易的，每一次获奖更不是轻易得来的。我笔墨耕耘的辛苦，儿子哪里会有深刻的体会！尽管我对儿子的看法不能苟同，但是他能够这样尖锐地看问题，毫不含糊地表达意见，面对自己一向敬重的父亲也未予丝毫退让，又令我由衷惊叹——儿子多年来接受的多半是灌输式教育，还没有踏入纷繁复杂社会的经历，一件事情的好与不好，一个人的谦虚与否，他能够揣度得准确吗？或许正是这种"初生牛犊"的精神，才使他这样悍而不悍、直而不婉吧！

妻子下班回来了，我心里一下子暖暖的。孩子总是跟娘近，让妻子给儿子解释几句，问题也就解决了。万万没有想到，妻子和儿子结成了"统一战线"。

她说："我最了解你，最体谅你，也最支持你。你在棉站上电大很是辛苦。你往报纸投稿，投十次二十次投不中，我鼓励你别泄气，只管写，锯响总会掉沫儿。你的辛苦就是我的辛苦，你的成绩也是我的成绩。但是我也觉得你这样做不大好。人人都在社会上奋斗，人人都有自己值得自豪的成绩,咱的这点成绩算得了什么啊!舞文弄墨的人最讲名誉和面子,可也最容易损失面子。谦虚使人进步。你不妨考虑考虑,儿子的话是不是有点道理?"

莫非偏差出在我这儿?我不得不努力把头脑冷静下来,反复体味儿子的意见和妻子的话语,认真地对这一次名片"风波"进行反思。

显然,儿子直言不讳的评价对父亲影响至深,换句话说,孩子影响了父亲,并取得了良好的教育效果。当然,父母水平如何是决定孩子影响大小的重要因素,而且两代人之间的影响不仅有正面的,也可能有负面的。

2015年8月12日《旺报》报道,"90后"网络用户更多使用QQ而不是微信的原因,就在于父母对微信的"入侵"。记者写道:

中国互联网信息中心最新消息,中国大陆网民截至2015年6月已达6.68亿人,其中手机网民占88.9%。新的通讯催生了以微信为首的社交软件大爆发。然而腾讯最新调查,越来越多"90后"选择回归传统聊天软件QQ,其中一个原因竟是父母长辈"入侵"微信。

腾讯联合企鹅智库6日发布《中国移动社群生态报告》,称手机QQ群活跃用户在近3年的年均增长率达到72%,其中八成用户年龄为10岁到29岁。相比之下,使用微信的大多为成年人,"95后"基本不用微信。

为什么热爱新鲜事物的"95后"唯独对微信无动于衷?原因之一是微信游戏少,且好友多为熟人。因此,热衷网游,又没有庞大熟人圈子的"95后",微信朋友圈对他们的吸引力明显比不上对成人用户的吸引力。

除了"95后",曾经从QQ"跳槽"微信的"90后",也呈现回归QQ新趋势,其中重要原因是父母长辈纷纷赶时髦加入微信用户大潮,"90后"碍于亲人关系,不得不添加父母为好友。一些"90后"

发吃喝玩乐或者交友消息，并不想让父母知道。不少学生称，每次发朋友圈都要屏蔽老师，交了男女朋友要屏蔽父母和亲戚，还不如QQ简单好用。

有很多父母学习使用微信就是为了加深对孩子的了解，方便与孩子沟通，但没想到这会间接影响一大批青少年对网络交流工具的选择和使用，这种影响也说明两代人之间需要更多的相互理解和支持。

根据代际关系变化的特点，我们提出了"现代教育是两代人之间的相互影响"，依据是什么呢？我们课题组成员刘秀英曾经访问了著名儿童文学评论家汤锐教授。汤锐教授指出，今天的孩子在接受社会环境的影响并对这些影响作出选择时，与成人的选择是有差异的。这种差异主要表现在以下几个方面：

（1）相对于成年人的谨慎保守和下意识的排斥心理，孩子面对新事物时往往表现出积极和好奇，完全处于一种开放状态，更容易接受和适应新事物；

（2）成年人面对社会环境的影响时，更多会选择那些与自己的习惯经验相符合、相容的事物，而孩子会更多地做相反的尝试。

在信息化时代，学习和教育将是一个终身的过程。孩子和成年人都面临着社会化的问题。在共同成长的过程中，两代人之间会产生一些相互影响。

成年人与儿童都处在个体成长的漫长过程中的不同阶段。

而所谓共同成长，实际上是一个交流的过程。一方面成年人将自己所走过的成长道路展示给孩子，作为一种可供参照的经验和教训，这对孩子是很有益处的，应该说，孩子们最初的和最基本的许多观念意识都是从成年人那里得来的；而另一方面，孩子以其对新事物的敏感和快速接受的实践，也为成年人适应当代社会提供了一个中介和桥梁，因为所谓"新时代"不可能是一个抽象的东西，它要有所附着。实际上大多数成年人正是从孩子身上感受到新的生活方式、新的思想观念的冲击的。

比如许多父母为孩子购买电脑等电子产品，以有利于其学习，而电脑带给孩子的却不仅仅是功课的进步，更重要的是把他带入了一个新时代。于是很快父母们就发现，孩子从知识眼界到思想观念都与他们有了较大的差异，而正是这种差异令成人意识到他们的孩子在新时代中已经比自己领先一步了。

从"现代社会是两代人共同成长的社会"，到"现代教育是两代人之间的相互影响"，涉及了一个根本问题，即人的社会化。

《社会学大辞典》解释道："社会化是社会和个人两个方面合力的过程。"从社会方面说，社会延续需要培育一代一代的新人，就要进行社会教化，使社会成员认同社会发展方向，从而使其行为方式达到相当程度的一致。从个人方面说，任何个人要进入社会，取得社会成员的资格，就要接受社会的教化。个人在社会生活中，学习和掌握社会生活的知识、技能，熟悉社会的风俗、习惯、道德、法律，确立生活目标和价值观念，从而达到与社会一致，取得社会认可的地位，成为一个具有"社会资格"的人。

可以说，社会生存环境与个人的生存需要的统一，社会与个人的统一，人们在社会互助中的统一，这就是人的社会化的实质。

与上述理论相关，社会学与教育学认为，在儿童由"生物人"变为"社会人"的过程中，成年人，尤其是父母与教师，是其重要的教育者。这自然是正确的。

然而，在我们的研究中发现，在信息化时代，孩子不仅仅受父母和教师等成年人教育，他们也在深刻地影响甚至改变着成年人。也就是说，两代人的社会化既有共同性又有双向性。

共同性指两代人共同成长，双向性则指两代人相互影响。《中华人民共和国家庭教育促进法》倡导9种教育方法，其中一个方法为"相互促进，父母与孩子共同成长"。可以说，这是从法律上确认了两代人相互学习、共同成长的原则。

许多父母都从切身经历中得到启示。生活中有时候的确需要拜孩子为师，因为他们不仅思维活跃，还有丰富的生活和适应市场经济的能力。在孩子身上，我们有许多东西要学习。

我从我女儿身上就学到了很多东西。

中学时代，女儿跟我要钱："老爸，能不能再给点钱？"我说："不能，你每个月的零花钱是固定的，不能随便给你加钱。"没有钱，我女儿怎么办？她把自己用过的东西，像旧的手表、随身听等，用相机拍下来，将图片发到网上，在网上拍卖。

我一看就乐了——你这破东西，谁要你的？网上谁也不认识谁，谁敢给你寄钱来？但我女儿很自信，还在网上做广告。后来真收到了三张汇款单，卖了690块钱！我对她刮目相看。孩子很厉害，我做不出来这样的事情。如今，女儿已经成家立业，家里不用的东西或赠送给有需要的朋友，或还是在网上拍卖。当然，她也在网上买别人拍卖的东西。

1999年夏天，女儿作为参与50周年国庆大典活动的10万名北京中学生的一员，承担了天安门广场背景组字的训练任务。艰苦是不必说了。一天傍晚，女儿打来电话，说太累了，她要与同学们在饭庄吃饭。我问："有钱吗？"女儿明白我的意思，"喊"了一声，说："你忘了，我们是AA制！"的确，女儿与同伴凡有公共开支，一律各自分担，人人熟知这个规则。有时，过生日还各自出钱分担开支呢！

说心里话，我做不到AA制，即便手头紧张，也放不下面子。我想，像我这种心态的人，恐怕在成年人里有不少。细想一下，孩子的选择是否更符合市场经济时代的交往规则呢？而成年人为何难以做到这一点呢？其实，后来我们也逐渐接受了AA制的方式，朋友们聚会已经开始不愿意由某个人请客，改用AA制的方式，大家都感到轻松便捷。实际上，今天成年人的很多行为都是受孩子的影响而改变的。

我们需要承认这个事实：在现代社会，教育不再是成年人对未成年人所独享的一种权力，它是两代之间的一种相互影响：（1）子女可以教育和影响父母，在这里，教育的影响是自下而上的；（2）成年人应允许儿童对所接受的教育影响作出选择。

现代的教育理念认为，父母需要树立向孩子学习、与孩子一起成长的新理念，才能与时代同步，有效地对孩子进行教育。也可以说，向孩子学习，与孩子一起成长，既可以保持健康密切、稳定发展的亲子感情，又可以建立起一种积极向上、良好互动的亲子关系。

那么如何做到向孩子学习呢？这里提出以下两点建议：

1. 尊重孩子的独立人格

向孩子学习，要把孩子放到一个与成人平等的位置，以平等的姿态与孩子对话，给予孩子充分的尊重和信任。孩子观察问题的深度可能不够，但孩子拥有鲜活的思维和创新的意识，他或许会从一个新的角度来看问题。因此，只有做到了尊重孩子，信任孩子，才能真正做到向孩子学习。

2. 积极发现孩子的优点

向孩子学习的过程，必定是一个发现孩子优点、挖掘孩子潜能的过程。孩子的很多特质或许是父母欠缺的，例如孩子对新知识的强烈渴望，对新鲜事物的积极尝试和接受能力等。父母善于发现并欣赏孩子的优点，是向孩子学习、与孩子一起成长最重要的条件。

经验证明，父母抱着向孩子学习的态度，会加深对孩子的理解，有利于两代人之间的沟通，甚至有希望把代沟变成彩虹。

**孙云晓
生活感悟**

1. 女儿虽然大了，并有多年驻外记者生活的历练，在老爸眼里还是不乏幼稚。于是，我总想给女儿一些建议。不料，在东京团聚期间，我却经常受到女儿的教育。外出时，女儿提醒我许多：在公共场所，手机要设置成振动模式，说话声音轻一点，动作小一点，不要在餐厅座位上穿外套，以免妨碍了其他客人。垃圾分类时，她也不放心地跟过来，告诉我如何细分归位，以免麻烦他人二次分类。她说："你如果给别人添了麻烦，人家不会直接说你，心里却会想，这是个没有礼貌的人啊！所以，要特别自觉自律才行。"在那一刻，我忽然发现，女儿真的长大了，比父母走得远。做父母的不要总想教育孩子，与孩子一起成长才是最重要的，很多方面甚至要向孩子学习。

2. 许多孩子进入小学，全家人兴高采烈，却未必了解一年级的重要性。《中国教育报》家教周刊原主编杨咏梅说，她在养育孩子时并不知道一年级那么重要，不知道孩子在一年级会面临那么多的挑战，不知道一年级时父母全心全意花在孩子身上的时间是性价比最高的投入。这三个"不知道"，给她女儿的成长留下了很多遗憾。因此她特别赞同北京史家小学终身名誉校长卓立的观点，即在《欢迎来到一年级》著作中给一年级新生父母的两句忠告：第一，小学是人生的基础，一年级是小学的基础。拜托各位年轻的父母，请一定庄重以待！第二，孩子上学了，父母也要上学。可以断言，两代人共同成长是当代教育发展的鲜明特征。

第三节　成年人应当尊重未成年人的权利

只有尊重未成年人的权利，成年人才有可能在平等的基础上，发现并学习孩子身上的优点。

早在1990年8月29日，中国政府就正式签署了联合国《儿童权利公约》。1992年3月2日，全国人民代表大会批准该公约，公约于1992年4月1日正式对中国生效。这就意味着中国政府正式承诺承担并认真履行公约规定的保障儿童基本人权的各项义务。

在今日中国，儿童（指18岁以下的任何人）自出生起，就享有《儿童权利公约》所赋予的各项权利。其最基本的权利可以概括为四种：生存权——每个儿童都有其固有的生命权和健康权；发展权——充分发展其全部体能和智能的权利；保护权——不受危害自身发展影响的、被保护的权利；参与权——参与家庭、文化和社会生活的权利。这些基本权利在修订的《中华人民共和国未成年人保护法》中得到全面确认。

但时至今日，忽视儿童基本权利的情况依然存在，有些未成年人走上犯罪道路，与父母忽视管教责任密切相关。

据《潇湘晨报》2022年5月16日报道，据北京高院未审庭庭长陈伟红介绍，自2022年1月1日《中华人民共和国家庭教育促进法》正式实施以来，北京法院少年庭先后在71件涉及未成年人案件中开展了家庭教育指导工作。她表示，这些案件背后主要隐藏着父母对未成年人子女的教育成长不上心、不尽心、教养方式不当等问题。

报道举例之一：未成年人被告人张某某，父母工作很忙，晚上经常加班不回家。张某某曾多次到网吧、娱乐场所过夜，结交社会不良人员等，但张某某的父母未予以足够重视，疏于教育和管理孩子。此后，张某某的不良行为逐步升级，多次入户盗窃，最终被检察机关以盗窃罪向法院提起公诉。法院经过审理，向张某某的父母发出家庭教育令，也是北京市首份家庭教育令，责令监护人承担起家庭教育的主体责任，多关注孩子的生理和心理状况。法院持续关注家庭教育令的执行情况，定期回访。张某某的父母表示，已经深刻认识到自己在教育孩子上的失职行为，会积极履行家庭教育责任，给孩子树立正确的价值观，帮孩子改过自新。

张某某走向歧途与父母的忽视和失职相关，还有一些父母的家庭暴力也严重伤害孩子。有研究者对1015名大学生进行调查，在平均近20年的家庭生活中，有50%的孩子受到过父母的肢体暴力，这些肢体暴力包括：用硬东西打屁股以外的地方、拳打脚踢、狠打一顿、扔出去、推倒等。很多孩子最后一次被父母施加肢体暴力的时间是在16—18岁前，到了这个年龄，孩子身体和心理成熟度已经近似于成人，而且也具有了反抗意识和能力，这在客观上阻止了父母的体罚行为。这也说明，在某种程度上，父母对孩子的体罚行为，的确是因为孩子过于弱小，其平等的人格和权利容易被父母所忽视。

根据心理学的研究发现，父母对孩子的教养方式对其自尊的发展有着显著影响。父母对孩子儿童采取"温暖与理解"的教养方式会促进其自尊发展，提高其自尊水平；相反，父母经常采用体罚等暴力教育方式，最终会伤害孩子的自尊，让孩子产生无价值感和自卑感。

所以，在教育的过程中，对于年龄越小的孩子，父母越需要提醒自己尊重孩子的平等人格和权利，保护孩子的自尊，特别是在孩子做错事或没有让父母满意时，要避免采用暴力等错误的教育方式。

除了孩子的四项基本权利，他们的隐私权也是父母需要重视的。我在前文中提到过，很多青少年为了避免父母"入侵"自己的微信圈而选择使用QQ，其实很大程度上就是他们担心自己的隐私被父母随意侵犯。

2014年8月12日《中国教育报》报道，记者采访了60位西安市民（子女40人，父母20人）。其中17位子女将父母加入微信朋友圈，但他们中有 14 位将父母拉入黑名单,其中 2 位对家长访问自己的朋友圈进行限制,仅 1 位孩子的父母可以看到孩子的朋友圈。

美国社会学家雷·奥登伯格认为,在生活节奏紧张、匿名性强的现代社会,第一空间是家庭和生活空间,第二空间是工作场所,第三空间则用来满足人们对社交、创意、娱乐的需求。网络科技的发展,出现种类诸多的社交软件,这给人们提供了前所未有的网络第三空间。

青少年把第三空间看成是一个了解社会动态、人际交往、展示个性、分享经历的平台,这些内容有很多是孩子不希望自己的父母所关注和看到的。但父母希望通过网络进一步了解孩子的生活和心理状态,这种心情可以理解。但很多时候,正是对孩子隐私的不尊重,随意翻阅孩子的短信、聊天记录,监视孩子的上网行为等,导致了孩子对父母的提防。

任何一个社会都可能产生侵犯儿童隐私的行为,所以儿童隐私才需要特殊保护。但是,不尊重儿童隐私的行为如此公开和普遍,父母对有关权利和法律如此无知,确实是需要深刻反省的问题。

为了进一步讨论清楚这个问题,我们课题组成员弓立新曾经访问了时任宋庆龄基金会副主席的马联玉先生。他分析道:

> 向孩子学习这个问题研究有更深层次的东西,那就是成年人作为教育者要真正承认被教育者的反向作用,其中有对孩子权利尊重的问题。在我们封建伦理学中,更多强调的是师道尊严,做得不够的是没有充分认识到孩子的权利。
>
> 我们承认反向作用,就必须保障儿童的权利,尤其是参与权。中国人的传统心理是爱护孩子,将孩子比喻成祖国的花朵,但其中也包括了"花朵是娇弱的,需要成人呵护""花朵没有自己的想法,只一味地被动接受就行了"等含义。宋庆龄把孩子比喻成明天和未来,未来比花朵重要,它有主动发展的权利。
>
> 如果把这样的观念普及到社会,承认反向作用,就有了引导问

题。现在某些教育的失败，其实好多内容和方法都是正确的。但为什么效果不好，孩子有逆反心理？就是因为没有平等对待，师生矛盾也多缘于此。教育者往往没有真正地平等看待孩子，总觉得我是为了你好，但对于孩子来说，他们未必真正需要这种关心。

现在，父母对孩子的爱是好的，关心生活质量，但同时父母对孩子也要求过高，期望过高，彼此不平等。夏威夷有个儿童哲学研究机构，他们认为学生不是被动的，学校的工作应是培养兴趣，教学方法，养成习惯。因为知识更新太快，社会已发展到全社会的人都必须终身学习，所以小学阶段主要不是给孩子知识，而是培养兴趣，使学知识成为孩子们的习惯。

或许可以说，只有当尊重儿童权利在全社会蔚然成风之时，向孩子学习的时代才会真正到来。

**孙云晓
生活感悟**

1. 《环球人物》2018年18期报道了德国孩子抗议父母的活动。不要说儿童抗议活动好玩，这件事很严肃、很神圣！在儿童参与的历史上，这注定是一个里程碑事件！希望天下父母关注德国孩子的抗议游行，因为这关系到儿童的发展与权利，涉及到孩子赖以生存的亲子关系能否牢固。中国青少年研究中心做的中美日韩家庭教育调查证明，四国均突出存在父母迷恋手机、忽视孩子的严重问题。7岁的德国男孩Emil打算采取一个特别的方式让老爸注意自己而不是手机。他前不久才参加完反法西斯示威游行，游行队伍中，大家一起喊口号那充满力量的情景让Emil记忆犹深。"那我干脆就举办一个反对老爸老妈们沉迷手机的游行活动吧！" Emil

找到了自己的老爸老妈,先是就手机这个问题"教育"了一下自己的老爸,然后提出了自己想要组织游行的想法,居然得到了支持。儿童参与的高度在于儿童提出建议并与成年人协商合作完成。儿童权利的实现需要两代人的觉醒与行动。

2. 我一直认为,儿童有权利参与校家社协同育人,并视为不可撼动的原则。杭州市崇文实验学校校长俞国娣曾介绍,该校的优秀父母评选,以学生的推荐为基础,并由家长委员会与学生代表组成评委会评选。颁奖典礼上,学生担任颁奖嘉宾,学生宣读自己写的充满感情的颁奖词,对父母的激励甚大。儿童参与的过程既履行了主人之责,更促进了两代人的成长。

第四节　向孩子学习是成年人真正成熟与睿智的标志

> 父母与教师水平的高低，非常突出的区别之一是有无向孩子学习的意识。

一位名叫朱建国的父亲，曾经在《光明日报·家庭周刊》上发表了题为"女儿是我师"的文章。他写道：

小女今年9岁，转到新学校不久，就结识了一个新朋友张文，两人几乎到了形影不离的地步。

半学期很快过去了，学校公布了期中考试的成绩，女儿的语文、数学成绩都低于班级平均水平。这使我甚感惊讶。女儿在原先小学读书时，成绩一直名列班级前茅，这次怎么考得这么差？会不会是成天和张文在一起玩耍、疏于学习的缘故？

次日，我又从侧面了解到，张文是班上的一名差生，这更证明了我的猜测是正确的。于是我和妻子轮番对女儿进行了教育，什么"跟好人学好人"啦，"近朱者赤，近墨者黑"啦，说到底，就是要女儿和张文断绝朋友关系。

可女儿硬是不听我们的"忠告"，说这次没考好，是由于自己未能适应老师的教法和考试时粗心，与张文没有任何关系。她还向我们提出了严正抗议：请不要随便责怪、冤枉别人。从女儿愠怒的脸色中，我似乎看到了她那颗纯真的心灵。

原本想教育教育女儿，不想倒被她教育了一回。

一日，妻发现新买的一块手表不见了。想想这几日除张文到过我家外，并无外人来过，偷表人不是张文，还会是谁？联想到女儿期中考试的成绩，联想到那次"目无长者"的"反教育"，我立马把她叫到跟前，狠狠地训斥了她一番："从今往后，你再和她玩，休怪我不客气……"女儿啜泣着忙不迭地点头，完全没有了上一次的"反教育"精神——一块新手表对一个孩子来说，毕竟是一件贵重物品。

一个月后，妻子在整理房间时，发现那块新表静静地躺在沙发下面。此时，我和妻子的心中不是物品失而复得的惊喜，而是一种难以名状的愧疚——冤枉了一个清白的孩子。吃晚饭时，我把找到手表的事告诉了女儿。女儿听后，显得出奇地平静。原来，她一直就没有认为手表是张文偷的，并且还一直瞒着我们和张文保持着密切的关系。

女儿向我提出了向张文道歉的请求，我没有答应，觉得这样做太失面子。

一个星期日的下午，女儿打电话约张文来我家玩。看着张文进门时畏惧的神色，我的脸上火辣辣的。

女儿把我叫到房间里，对我发起了"进攻势"："你还是个老师呢，怎么连知错就改的道理都不懂？你向她承认错误，不会影响你的高大形象的……"在女儿的再三劝说下，我终于鼓足了勇气，郑重地向张文表示了深深的歉意。

女儿笑了，从女儿甜甜的笑靥中，我又一次看到了她那颗纯真的童心。

这一现象绝非偶然。在对待孩子交友方面，父母最容易犯的错误就是以自己的喜好为孩子选择朋友。

根据中国青少年研究中心的调研数据，有12.3%的父母对孩子的人际交往有着明显的限制。中国城市独生子女人格发展调查也发现，81.6%的父母要求孩子选择学习好的同学做朋友。显然，这与受中国古语"近朱者赤，近墨者黑"的影响有一定关系。

实际上，学习并不是孩子生活中的一切，交往的目的之一是取长补短，怎么可能只交学习好的朋友呢？由此可以看到，两代人的观念差别较大，子代对亲代的影响也变得普遍起来。

伴随着信息时代而来的"文化反哺"现象，动摇了传统社会里"长者为尊"的地位，成人世界遇到了比以往任何时代都剧烈的来自子代的种种反叛和挑战。

关于这一点，我们课题组成员方梅在访问南京大学著名社会学家周晓虹教授时，周教授作了较全面的阐述。

在现代社会，成人和孩子同步接触信息，而且孩子们由于对新事物具有较高的敏感性和接受能力，较少受旧有价值观和行为模式的束缚，以及在语言和器物（如电视、手机、平板电脑）接触上的优势，而第一次获得了从媒介、广告、市场及生活本身取得信息的便利和对生活意义进行解释的权威，在对成人进行"文化反哺"（反向社会化）方面具备了可能性和现实性。

"文化反哺"作为一种与传统的文化（社会化）模式相对应的新型文化传承模式，在城市家庭，尤其是居住在城市中的移民家庭更为常见（如进城的民工家庭中）。

我在做北京的浙江村的研究时就发现了这么一种现象，那里的家庭权力在父母40岁左右就已经开始向十八九岁的孩子交接了。这在一般家庭里不常见的现象，为什么会出现在那种家庭里呢？道理很简单，就是因为在这种外来家庭中，子女对新环境有更深的认同，他们对新生活的把握（主要指对服装、鞋的新的流行款式的把握）以及他们与当地人交往的能力都强过他们的父母。

因此，他们的父母尽管只有40岁多一点点，但还是将自己的权力——家庭的权力、决策的权力移交给了子女。

这种发生在子代与亲代、孩子与成人之间（这里的孩子也可认为是年青的一代）的"文化反哺"现象所涉及的内容和范围是极其广泛的，包括价值观的选择、生活态度的认定、社会行为模式的养成以及对各种新的器物的了解和使用，而且在文化的表层（行为或器物的层面）更为明显，如对新事物的选择、电脑的使用。

面对孩子们的新的价值观念和生活式样，成人世界经历了由最初的反对到逐渐认同的过程。

过去那种总是成年人影响孩子的社会化模式已发生了变化。在今天，晚辈已经开始影响老一代了。

伴随着信息时代而来的"文化反哺"现象，动摇了传统社会里"长者为尊"的地位，成人世界遇到了比以往任何时代都剧烈的来自子代的种种反叛和挑战。对此，成年人应该认识到，在社会文化的急速变迁中，既有知识和生活式样的过时和被淘汰是历史的一种必然。而没有旧观念、旧模式束缚的轻装上阵的年青一代，凭着对新文化的敏感、认同以及接受能力的优势，获得对成年人进行"文化反哺"的能力亦在情理之中。"文化反哺"造成了成人世界对新的社会变迁的顺应能力的提高。如果没有孩子的话，我们会很拙劣，顺应能力更差。

不过，"文化反哺"现象的出现并不意味着正常的社会化模式已可以退出历史舞台了。事实是，正常的社会化模式依然起着作用，只不过不再是唯一的社会化模式了。原来的单一的社会化已经变成双向互动的社会化——成年人在教育引导年青一代的同时，也受着年青一代的引导和教育。社会在变，成年人的"在这个世界中扮演教育者"的观念也要改变。

如果成年人能够意识到，在新世界中，我们的认识不一定全是正确的，我们与许多新事物也是刚刚接触，我们的理解能力和掌握能力有时甚至还不如我们的孩子，那么，在很多时候，成年人就不会轻易做出判断，就不会直接对未成年人施加压力，逼迫孩子按成人的思维去做出选择。

成人向孩子学习，除了能够从孩子身上获得知识、技能甚至是心灵的升华，同时也能有效帮助孩子自身的成长和发展。

在威海古寨中学的优秀家庭教育案例中，有位妈妈讲述了通过向孩子学习英语而培养他读书兴趣和学习习惯的事情：

> 我的孩子很聪明，但最令我头痛的是不爱读书。我一直在思考：如何培养孩子读书的兴趣和习惯？但也没有找到一个好办法！
>
> 一天，同往常一样，放学后，孩子带着笑声回到家。一家人在吃饭的时候，我突然有了一个念头：何不让孩子当我的老师呢？用这方法试试，看看效果好不好。
>
> 吃完饭后，忙完了家务，我坐下来让儿子当我的老师。我说："儿子，因为妈妈那个时候读英语不多，所以不懂英语。你来教妈妈，当妈妈的老师，行吗？"
>
> 儿子说："不行，我懂得不多！"
>
> "行的，儿子。在学校，老师教你什么，你回家就教妈妈什么，妈妈保证能学会。儿子老师，不相信你的妈妈啊？"
>
> "那我就教你学单词好了。"
>
> "儿子，你也得把日常用语教教吧，要不然，妈妈学会了单词，却学不会对话，你让妈妈怎么说英语呀？总不能和人家对话要妈妈一个一个单词拼吧！那样人家就会说儿子没能力，教不了妈妈了！不好吧？"
>
> "行，我学啥教啥，每天教你一小段。"
>
> 我高兴地说："真是好儿子，妈妈也会做个好学生的，不会让老师失望的。"
>
> 就这样，每天我都跟儿子学半个小时的英语，虽然我学得很吃力，但看到儿子教得那么认真，而且对每篇课文都能熟读成诵，成功的喜悦在我的心头融化开来！

一学期下来，孩子终于养成了一回家就读书的好习惯，而且每门功课成绩都很优秀……

由此可见，一个真正成熟睿智的父母要懂得尊重孩子，向孩子学习，而这也是促进孩子进步和成长的好方法。

> **孙云晓**
> **生活感悟**
>
> 1. 如今乘公交车，不用投币，不用刷卡，而是刷手机，感觉很爽。几天前还烦恼去何处给公交卡充值，感谢年轻人的帮助，在手机上即可完成充值，并装了刷手机乘车的APP。此类事例比比皆是，可见文化反哺越来越普遍，向青少年学习已成为年长者适应新时代之明智选择。
>
> 2. 中国的家庭教育需要一个重大的转变，即从只想教育孩子升级为父母等长者本身的转变。赵忠心教授在其《家庭教育学》中提出，家庭成员之间相互实施的教育是广义的家庭教育，而父母等长者对孩子的教育和影响为狭义的家庭教育。在我看来，宽窄相辅相成，没有宽就没有窄。许多家庭教育之所以难以奏效，就是因为重窄轻宽，甚至是只有窄而缺少宽，所以家庭教育的路越走越窄。今日中国已进入文化反哺或后喻文化时代，也是亲子之间甚至是三代人相互学习、共同发展的时代，尤其需要每个家庭成员都成长起来。

第五节　信息时代的青少年身上蕴藏着巨大潜能

> 在信息时代，儿童获取信息的能力空前增强。儿童在某些方面的发展优势已不容小觑，特别是在计算机领域，孩子的才能在儿童期就已显现出来了。

中国社科院大众传播与青少年发展中心主任卜卫研究员指出：

一个新的媒体出现了，同时，当我们还不太了解它的时候，孩子走在了我们的前面。这种情形将给我们的生活带来许多深刻的变化。它将改变我们的教育观念，改变儿童的学习方法，改变家庭文化及代际关系等。当然，最需要改变的是我们自己。在孩子面前，我们不再是一成不变的权威了。我们需要学习，需要同他们一起成长。

2015年9月25日，《互联网+时代儿童的在线风险和机遇——儿童网络安全和媒介素养状况报告（2014—2015）》正式发布，这个报告是由中国青少年宫协会儿童媒介素养教育研究中心主任张海波及其所在的广州少年宫，联合北京、上海、西安、南京等全国18个中心城市的少年宫，向3万多名儿童（3—11岁）及其父母进行的调查。

2015年10月28日，《中国教育报》对张海波进行了采访报道，题为"数字时代，我们怎样和'00后'一起成长"。摘录其中的内容如下：

报告显示，在幼儿园时期，"00后"儿童就具有较高的媒介接触率，三大媒介（手机、平板电脑、电脑）的接触率已超过80%，分别达到91.8%、83.4%和80.6%，其中44.1%的幼儿园孩子开始玩网游。

在小学时期，儿童初步发展到和成人使用行为相差不多的"用户"阶段。调查显示，近半数小学中年级学生拥有自己的QQ，近半数儿童拥有其他社交媒体账号，并且开始玩大型游戏、社交类游戏。35.8%的儿童在网上发表内容，23.1%的儿童拥有网友，更有8.3%的儿童拥有陌生网友。

到了中学时期，儿童新媒介接触和使用技能进一步提升。张海波在调查中发现，初中生拥有QQ的比例达91.8%，90.0%的儿童加入了QQ群，其中46.4%的儿童加入了6个以上的QQ群，81.8%的儿童拥有自己的社交媒体，28.6%的儿童拥有了自己的"粉丝"。

在数字世界，儿童走在大人前面。

在上网知识方面，65.4%的儿童和70.9%的父母认为现在的初中生懂的比大人多。

"儿童到初中时，因更积极地使用新媒介，使得他们在屏幕上'数字世界'中的娱乐、交往、学习和表达等各方面都开始超越成人，在数字世界中，儿童走在大人前面。"张海波说。

"美国人类学家玛格丽特·米特提出了'后喻时代'的概念，就是小孩反过来教大人。现在看来，数字技术的发展一日千里，更新速度快，需要大人和小孩一起学习。甚至在很多方面，大人要反过来向小孩学习。"在张海波看来，在后喻时代，大人要调整好心态：一方面要放下传统的知识权威的架子，有什么不懂的，要和孩子一起探索、学习、研究；另一方面，家长要及时更新自己的知识，关注潮流文化，要努力和孩子保持同步，这样才能有效沟通、引导。

虽然在数字世界里，孩子总体走在了父母的前面，这也意味着父母有更多的机会可以和孩子一起去学习和探讨新事物。"后喻时代"给了父母和孩子共同成长的机会，特别是对于"80后"的父母而言，虽然在他们的童年时代，网络还没有普及，但在他们成长的过程中，已经广泛涉及电脑和网络技术的学习和运用，新媒体对他们而言并不陌生。

所以在教育孩子时，新一代父母可以用更理性的态度来指导孩子对网络新媒体的使用，这也为两代人共同学习和成长打下了基础。

孙云晓生活感悟

1. 要保护孩子免受不良或不适合未成年人的媒介的伤害，而赋权与赋能是对儿童更重要的保护！这是北师大网络伦理论坛最核心的观点。避免幼儿过早过多使用手机等新媒介是必要的，但当孩子逐渐长大，要尊重其接触媒介的权利并加以引导。切不可以保护之名剥夺儿童使用媒介的权利，也不可只是居高临下教育孩子，而要与孩子共同学习，一起成长。其实，在新媒体时代，孩子已经走在成年人的前面，父母与教师都需要向孩子学习。

2. 对儿童使用新媒体既要积极也要慎重。6岁之前不宜上网，10岁之前不宜使用可以上网的智能手机。在中美日韩新媒体与少年儿童教育论坛上，我的这一建议得到四国专家们的赞同。父母学会使用新媒体对孩子成长有利，要善于趋利避害，把新媒体变为孩子发展的动力，并且与孩子一起拥抱新时代。

第七章 向孩子学习的五个原则

21世纪是终身学习的世纪,是两代人相互学习、共同成长的世纪。显而易见,在知识社会和信息时代,不向孩子学习,成年人难以完成终身学习的任务。因此,将向孩子学习作为终身学习的重要原则和途径,是成年人的明智选择。

第一节　向孩子学习的前提是了解孩子，了解时代的变化

> 过去，是孩子不了解父母，父母很神秘；今天，是父母不了解孩子，孩子很神秘。

父母向孩子学习的前提是了解孩子，对孩子的现代行为产生认同感，否则父母不仅难以拥有向孩子学习的态度，反而会采取错误的教育方式，打击孩子做事的积极性，破坏亲子关系。

2014年7月22日，《辽沈晚报》就报道了现在的孩子利用暗号和父母"斗智斗勇"的新闻。沈阳市的一位爸爸发现上初中的女儿在跟同学电话聊天时，使用"23""VVG""状态信号3"等他听不懂的暗号。后来几经打听才了解到，"23"是笑的意思，"VVG"是英语"very very good"的缩写，而"信号3"意思是信号满格，状态很好。也有父母表示自己曾经想加入孩子的QQ群，却被层层阻拦，要回答一系列的问题或暗语，根本没有办法进去。

由此我们可以发现：一方面是父母想要了解孩子的内心世界，却苦于缺乏良好的沟通渠道；另一方面是孩子想通过重重障碍保护自己的隐私和成长空间，避免父母的渗透。

出现这种情况的原因，很大程度上就是父母不能理解现在孩子的心理和特点，没有意识到孩子在长大，自己的教育方式没有及时转变，而孩子超出边界的远离行为让他们有些惊慌。

另外，一些孩子也不能理解父母的苦心，用叛逆的行为来表现自己的成人感。还有就是有些父母跟不上孩子和时代发展的节奏，对新颖事物不能接纳，觉得自己与孩子有了隔膜，有种被隔离的感觉。

从心理学家埃里克森的理论看，这个时期的孩子关键在于获得同一感并克服同一性混乱。这需要他们从对父母的依赖关系中解脱出来，而这最

直接的表现就是对父母的叛逆和远离。

父母要理解孩子长大的过程同时也是远离父母的过程，他们所表现出来的叛逆也是一种成长。父母只有理解了孩子成长的特点，才会给孩子独立的空间和成长的机会。这个时期的孩子同时也需要父母的关注和爱护，他们虽然经常会装出成人般的坚强，其实内心还是有着迷茫和脆弱，父母也不能因为孩子表面的快乐而忽视他青春的烦恼。父母还需要跟上时代的脚步，多向孩子了解和学习新颖的事物，试着在生活、时尚、科技等方面尽可能接近孩子，这样有利于加深彼此的理解，减少双方的冲突。

孩子是一本内容极其丰富的书，每一位父母和教师只有潜心研读，才能理解孩子的"十万个为什么"，才能悟出该向孩子学习什么。

先进人物是时代精神的鲜活载体，从人物入手更容易了解时代。

2022年4月，山东日照市金海岸小学赵庆英校长发给我一部书稿，即为小学生寻找身边榜样而用心编写的一本书《那个我》。虽然我们未曾谋面，但书中的人物故事吸引了我：儿童需要什么样的榜样？儿童同龄人的榜样是如何成长的？如何为儿童树立合适的榜样？我相信，这是父母和教师乃至所有教育工作者都非常关心的问题。

毫无疑问，儿童时代是非常需要榜样的。2011年5月，中国青少年研究中心曾经在6个省市开展少年儿童的偶像与榜样调查，6466份中小学生有效问卷的统计数据显示：68.8%的小学生有榜样，高于初中生（63.3%）5.5个百分点，较高中生（52.1%）高16.7个百分点。榜样学习在9—10岁（小学四、五年级）达到峰值，偶像崇拜在12—14岁（初一、初二年级）达到峰值。研究发现，身边的同学、同龄人、父母、老师比明星或杰出人物更易于成为少年儿童学习的榜样。无论是学校为学生树立榜样，还是家庭为孩子选择榜样，身边的同学或同龄人都排在第一位。[①]

[①] 中国青少年研究中心. 中国少年儿童偶像与榜样研究报告（M）. 天津：天津社会科学院出版社，2012：20.

以上调研的数据足以证明儿童与榜样具有密不可分的重要关系，说明榜样对儿童的成长具有深刻的影响力，这一点早已经成为广大父母与教师的共识。为什么会是这样？在上述研究报告中，引用了一个经典的理论来分析，即美国社会学习理论家班杜拉的"观察学习"理论。他认为，在社会情境中，儿童直接观察别人的行为就能够获得并模仿出一连串的行为。简而言之，儿童的学习具有观察和模仿的特点，所以身边的榜样具有特别直接和重要的影响。

《那个我》一书中推介了什么样的榜样呢？他们是金海岸小学建校以来一届一届的优秀学子，其中以六名"宋庆龄奖学金"获得者、两名"山东省少年科学院小院士"、三名"山东省优秀少先队员""齐鲁环保小卫士"为代表。教育效果需要时间的检验，需要用成长来回答。所以该书不仅介绍他们在小学的成长经历，有些还追踪介绍他们在中学和大学里的发展情况，甚至包括家庭教育的经验展示，这是小学教育的一个突破。据赵庆英校长介绍，编辑此书的目的是：提供成长故事的"那个我"在回忆中悦纳自己、感怀奋斗，作为读者的学生学习曾经或者现在共同生活的校园里的榜样，规划努力的方向，激励每一位少年阅读者喜欢上"那个我"，埋下成为"那个我"的理想的种子。

一个个鲜活的新中国儿童形象，体现出浓郁的时代气息，更展示了吸吮着改革开放新鲜乳汁长大的一代的优良素质。其中，有4个同学的成长故事给我留下特别难忘的印象。

姜亚彤同学是宋庆龄奖学金获得者，我很欣赏她的一段回忆：

> 除了中文，英文也是我擅长的语言。小学时光最值得骄傲的是陪妈妈去英国旅行时在爱丁堡度过的有惊无险的一天。因为语言不通，很多人只能待在肯德基、汉堡王消磨时间，或者近距离地走走逛逛，我却专门带妈妈游逛在人迹罕至之处，发现了可以环绕整个爱丁堡所有著名景

点的城市观光巴士，遇见了乘车观光的大批外国友人。凭着自己自信满满的初级口语，我精准地找到了巴士站售票处，成功地买到了城市观光巴士的车票，并且准确无误地帮妈妈找到了车载中文讲解，开启了我们在异国他乡的观光之旅。可因为妈妈的失误，我们错过了与导游集合的时间。就在惊慌未定的时候，我以最快的速度打到了出租车，然后用流畅的英语跟苏格兰司机描述我们的"遭遇"。最终，我们在导游到达新集合地之前五分钟安全到达。这次经历，我因为自己较强的英语能力、舞台上久经锻炼的沉稳，完美地扭转了困境。妈妈更加坚信，在异国他乡，我就是她最好的眼睛、耳朵和嘴巴。

很多人都有出国旅行的经历，我也到访过历史名城爱丁堡，深知在全然陌生又语言不通的异国他乡，与旅游团走散了是何等地紧张。然而，中国小学生姜亚彤却带着妈妈尽兴游览，碰到难题也能够机智灵活地解决，体现出过硬的实践能力，既有出色的外语水平，更有充足的自信与智慧。

小伙伴们敬佩的"魔方达人"路已人同学，进入高中后参加信息奥赛的暑假集训，他在算法、逻辑方面的基础实在不能称得上好，因此接下来的内容学得很是困难。但是他觉得，就是这种困难，使得他在一步步明白了所有新知识后"感觉非常爽"，这也是他一直坚持战到最后的主要原因。整个高一暑假，他每天早晨准时到机房。在机房里一学就是一天，这是一个人的狂欢！正是因为坚持这样一种拼搏精神，他荣获了"第十一届中国青少年科技创新奖"。

郑博文同学自称是伴着睡前童话长大的孩子。小学时她就有一个六层的书架，后来书架上的书全放满了，她强烈要求把客厅里的酒柜腾出来，搬到了她不大的卧室，这样两大柜子书摆放得满满当当，创设了良好的读书氛围。她不仅喜欢读中外名著，还准备了一个笔记本，每天坚持动笔摘抄好词佳句，为写文章储备能源。她还在上面写随笔，随时记录自己的心情，或是读书后的感受。进入高中后，她凭借作文《答案在风中飘荡》获得了去北京参加作文比赛的机会，最终获得第 15 届"叶圣陶杯"全国中学生新作文大赛决赛一等奖。

小学一年级的寒假，为完成学校布置的"小发明作业"，梁雨洁设计制作了多用途铅笔杆，它带有刻度和弹簧升降控制装置，能够将测量和写字充分结合，得到了老师和同学的一致赞扬，她自信心一下子树立了起来。她写道：

> "小创新改变大生活"，学校不断鼓励我们积极参与。在这样的氛围里，我渐渐迷上了"探究"，逐渐养成了勤于思考、乐于钻研、善于动手的好习惯，家里的各种小电器和玩具几乎都被我"破坏"过。2016 年寒假，因为外出旅行，家里花草无人管理，我萌生了一个创意。我看到一则关于智能家居的广告，就想：如果用手机来遥控开启电磁开关，是不是就能实现远程控制浇水、施肥？沿着这个思路，我尝试研究制作了"花保姆家庭智能管护系统"。这个系统运用"万物互联"的知识，运用现代的信息化手段，远程视频观察家中花卉的状态，并通过内置检测装置反馈花盆内的土壤湿度、环境温度、营养情况，经智能控制箱、4G 通信，利用手机 APP 等进行智能化分析、比较，从而对家中花卉进行远程控制，实现精准的实施管理、养护。也是这个作品，让我斩获了人生中第一个省级青少年科技创新大赛一等奖。

2021 年 7 月 1 日，我在天安门广场出席中国共产党成立 100 周年庆典，共青团员和少先队员代表集体致献词，喊出了"强国有我"的强烈心愿。当代青少年儿童可谓强国一代，而《那个我》一书所展示的正是强国一代成长的脚步，值得我们学习。

当然，成长的道路是漫长而曲折的，我们无法预言少年儿童时期的优秀者将来会永远优秀，我们也无法预言少年儿童时期默默无闻的孩子将来不会脱颖而出。但我们相信，持之以恒追求真善美的奋斗精神将让一代代人更美好、更强大，而奋斗始于童年。

孙云晓
生活感悟

1. 了解孩子并不等于必须掌握孩子的全部秘密，而是知道孩子做事的特点与规律。如果你确实意识到了孩子面临危险，作为未成年人的监护人，父母是可以采取必要措施的。但要小心，不要误解了孩子，也不要低估了孩子，那会让孩子产生一种不被信任的感觉，会对教育产生障碍。

2. 作为父母，您是否了解孩子的潜能优势？您是否尊重孩子的兴趣爱好？是否帮助孩子增强实力以实现梦想？这决定了您是不是一个好父母。尤其是当孩子的追求与父母的愿望相悖时，最能检验父母是否理解和尊重孩子。所以，"你剪断了我的翅膀，却说我不会飞翔"这句话值得父母反思。

3. 对于青春期孩子教育的首要原则是理解和尊重，尤其是在情感方面，唯有尊重才有可能引导。如著名中学校长李希贵所说，男女之爱是人世间最美好、最值得珍视的情感，如果一个孩子在特定的年龄没有这样一份特定的情感，反倒是人格不健全的表现。从教育策略而言，需要重新定义早恋。

第二节　欣赏孩子的优点是向孩子学习的重要条件

多发现和表扬孩子的优点，既可以鼓励孩子进步，又为成年人树立科学的儿童观创造了必不可少的条件。事实早已表明，对儿童的否定性倾向，正是扭曲儿童观的根本原因之一。

在充满失败语言的家庭和学校里，向孩子学习只是一句空话。

任何一个人都不是完美无缺的。作为尚不成熟的孩子，缺点自然既多又不善掩饰，这常常让有些父母和教师忍无可忍。

在这种情况下，谈向孩子学习，似乎是空中楼阁了。实际上，怎样看待孩子的优缺点才是问题的关键。

实践告诉我们，优秀的父母与教师总是善于发现孩子的长处，而及时、热情地欣赏孩子的优点，则是比较有效的教子之方。

也许，儿童文学作家的分析能够给予我们启发。2021年8月，我有幸担任第十一届全国优秀儿童文学奖评委。评委们从582部作品中评选出18部获奖作品，而诗歌唯一获奖作品是蓝蓝的儿童诗集《我和毛毛》。蓝蓝原名胡兰兰，是出生于烟台的"60后"女诗人，她有什么样的特殊见解呢？2021年6月1日，《新京报》发表对诗人蓝蓝的访谈。蓝蓝谈到一个观点：

教孩子写诗最重要的是不要指手画脚、横加干预，尤其是态度不能简单粗暴、自以为是，而是要非常非常小心地观察，极其谨慎和善地进行引导，给孩子留有最大的自由创作空间。小孩子的敏感和脆弱超出我们的想象，不尊重孩子是任何学习的最大敌人。

记者问道："多本儿童诗选都提到一个观念，即孩子的日常话语本身就具有诗性,如何理解此处的'诗性'?"

蓝蓝回答:"就是自由。不受限制的想象力的自由,表达的自由,构成了童诗的灵魂,也是童诗的本质。小孩子没有那么多成年人固化的观念,也没有写作的条条框框,他们甚至不懂得害怕是什么。这就是为什么很多孩子上学之后,随着年龄的增大,想象力就开始减少。我们的教育从各个方面剪除了儿童的可能性,只朝着施教者希望的方向引导。"

由此想到蓝蓝的一篇文章,题目就是《向儿童学习写诗》。她写道:

> 当孩子们还没有被"套路"污染,还没有学会各种修辞的"技巧",他们的心地纯洁,眼神干净天真,童言无忌,只凭感受和尚未被束缚的、自由的想象力去写诗的时候,你无法预料他们会写下什么样令人惊奇的诗句。

诗人到云南山区的昌宁蟒水小学给孩子们讲诗歌课,被五年级女孩王春琳的《紧紧》震撼。女孩写道:

> 我要紧紧握住
> 你那双
> 像风一样随时消失
> 像泡沫在破碎的手

蓝蓝感慨道:

> 很难相信,这样的诗句出自一个小学生之手。但我和她聊天,了解了她的家庭状况和生活经历后,我知道,这些小诗都是经由生活的苦涩才结出的果实。当她的同辈人在写甜蜜的小露珠、鲜艳的小花朵的时候,这个孩子在写:"难过时要学会控制自己,不能哭。只要吃

几颗糖,就行了。"

蓝蓝的分析可谓入木三分。她所分析的孩子既非"学霸",也说不上有什么特长,只是山区里普普通通的农村儿童。然而,她慧眼识珠,从几句浅显的小诗中发现了纯真无邪的童心与天性,并认为这是人世间最可贵的品质,甚至要向儿童学习写诗。也就是说,儿童的第一优点就是自然自由的烂漫天性。这样的儿童值得成年人学习。

作家毕淑敏曾经在《儿子的创意》一文中讲述了一段趣事,读来很有启发。她写道:

儿子在家里乱翻我的杂志,突然说:"我准备到日本旅游一次。"因为他经常异想天开,我置之不理。

他说:"咦,你为什么不表态?难道不觉得我很勇敢吗?"

我说:"是啊是啊,很勇敢。可世界上有些事并不单是勇敢就够用。比如这件事吧,还得有钱。"

他很郑重地说:"这上面写着,举办一个有关宗教博物馆的创意征文比赛,金牌获得者可以免费到日本观光旅游。"说着,他把一本海外刊物递给我。

我看也不看地说:"关于宗教,你懂得多少?关于建筑,你懂得多少?金牌银牌历来都只有一块,多么激烈的竞争。你还是好好做功课吧。"

他毫不气馁地说:"可是我有创意啊,比如这个博物馆里可以点上藏香,给人一种浓郁的宗教气氛。这个博物馆里还可以卖斋饭,让参观的人色香味立体地感受宗教。比如这个博物馆里可以播放佛教音乐,您从少林寺带回来的药师菩萨曲,听的时候就可以让人感到很宁静。比如……"

儿子仍然在絮絮叨叨地讲着自己的创意,但我和多数母亲一样,对儿子的创意并不感兴趣，而且我也和多数成年人一样，对这些大胆的创意没有信心，我更关心的是孩子的成绩。对于儿子的疯狂举动，我叹了一口气说：

"好，随你瞎想好了，不过我要提醒你一句，对于一个学生来说，我以为最好的创意莫过于一个好成绩了。"

很长时间过去了，当大家几乎忘了这件事的时候，儿子收到了一封请柬，要请他去参加海外的颁奖仪式。原来，他竟然获得了创意银牌奖！

这件事使毕淑敏感触很深。从儿子身上，她看到了后生可畏，看到了"初生牛犊不怕虎"。在这方面，成年人和孩子比起来，的确是少了一些想象力和闯劲。从毕淑敏的这段经历联想到我们自己，有多少父母对孩子的创意嗤之以鼻？有多少孩子的美妙设想被父母扼杀在摇篮之中？实际上，不是父母不爱孩子，而是不相信孩子的潜能，更不相信孩子的创造力。其实，只要父母对孩子多鼓励一下，多支持一下，孩子就有可能创造出我们难以想象的奇迹。

作家罗兰在回忆自己的童年时，也谈到优点被肯定的巨大作用。她说：

我曾做过笨学生，那是在小学六年级的时候，我的算术不好。直到现在，我还记得老师给我们讲鸡兔分笼和童子分桃等问题时，我是怎样的听不懂。而且，老师越是单独给我讲，我越是听不懂。我也不知道为什么我听不懂……我很感谢我的父亲，当我拿着算术48分成绩单回来见他的时候，他说："你的理解力不行，但记忆力很好，现在不要忙，等你长大一点，理解力会慢慢提高的。"后来，事实证明，到了高中，我的几何、代数就都不成问题了。

孩子往往是敏感的，却又常常认不清自己，所以，父母或教师的评价作用格外重要。因此，多发现和表扬孩子的优点，既可以鼓励孩子进步，又为成年人树立科学的儿童观创造了必不可少的条件。事实早已表明，对儿童的否定性倾向，正是扭曲儿童观的根本原因之一。

孙云晓 生活感悟

1. 幸福人生需要坚实的基础和强大的支持。马丁·塞利格曼教授说，积极心理学有三大基石：一是研究积极情绪；二是研究积极特质，主要是优势和美德；三是研究积极组织系统。显然，家庭和学校及社团等是对孩子最具影响力的组织系统，发现孩子的优点和潜能是对孩子最大的精神支持。

2. 父母的第一职责不是发现孩子的缺点，而是发现孩子的优点，因为发现优点就是发现潜能，发现希望。在大人看来很容易的事情，孩子做起来并不那么容易，所以千万不可急躁，而要发现孩子的优点。孩子最不容易自信，而优势闪现可能成为希望的火苗，引导得当则可能星火燎原。

第三节　向孩子学习应以真诚为本

> 虚伪与儿童的天性格格不入。

提出"向孩子学习"的理念，不仅仅是依据科学的研究，也是由教育实践产生的感悟。有人主张表扬孩子可以"无中生有"或"无限扩大"，对此我是不赞成的。

我的主张是对孩子应当欣赏到位，让他们恰如其分地了解自己，将自信建立在坚实的基础上。失去实事求是的原则，"无中生有"地表扬孩子，也许会被孩子视为虚伪和廉价的话，自然起不到激励作用，甚至还可能适得其反。因此，向孩子学习必须以真诚为本。

通常，大人们总是虚伪地掩饰各种真实的念头，只有小孩才能直率地袒露自己真实的观点。

关于如何真诚对待孩子，我们课题组成员曹萍曾经访问全国科技教育十杰、时任《人民教育》编辑室副主任的任小艾。

任小艾老师说：

当我们有一天真诚地坐在孩子面前，放弃虚伪的自尊，平等地与他们交流时，你会发现孩子的确长大了，不再是你想象中的样子。对有些问题的看法，孩子的认识丝毫不亚于成人。

这不仅会令你感到惊奇，甚至感到有些自愧不如。我记得教育家陶行知先生曾说过："你要当好一个先生吗？那要先当好一个学生，只有当好了学生，才能当好先生。"陶先生的这段话不仅是对教师而言，对孩子眼中的成年人来说，也有借鉴意义。

在接受新事物方面，孩子的反应常常比成人迅速得多。由于他们在思想上没有束缚和禁锢，因而对于新事物往往持自信和乐观态度。接纳并吸收了新事物的年轻人从不满足于现状，他们善于在实践中不断地再创造、再学习，从而使人类社会不断向前发展。成年人怎能不向孩子学习？

从客观上讲，由于社会的发展和时代的变迁，今天的孩子所生活的环境正发生着根本性的变化。就我国而言，与我们当年封闭的生活环境相比，今天的孩子面对的是一个全新的世界：国家对外开放，社会日新月异，知识变化更新，信息大量流通，生活丰富多彩……

从主观上讲，今天的孩子由于极少有保守思想和陈旧观念，同时喜欢追求新事物，勇于开拓未知领域，而具有较强的自我生存意识和判断能力。显而易见，他们不可否认地成为了当今社会与时代脉搏合拍的重要群体。这是一个不可忽视的群体，充满着旺盛的生机，拥有着新鲜的想法，令人振奋，令人惊奇。

记得小时候，我常听大人们说："小孩子懂什么？大人的事儿少插嘴。"每当此时，我心里总是不舒服。其实，对于有些事儿，大人们如果也能听听孩子们的意见，说不定那些复杂的事儿会变得简单些。

如今，自己也长大成人了，面对新生的一代，儿时的记忆依旧挥之不去。因此，在当老师的时候，我常对自己说：别忽略了眼前的孩子们，他们的内心深处也有一片蔚蓝的天空，也有无数颗充满智慧的星星。

从某种角度说，正是这种不断向孩子学习的积极心态，使任小艾从一名普通的中学教师成长为一颗教育明星。在与她的交谈中，你会时常听到对学生的由衷赞美，而这是绝大多数优秀教师的共同特征。

当然，并非每个人都经常与孩子相处。但是，只要有一颗真诚的心，随时都可能发现孩子的可爱及可学之处。1998年10月7日《人民日报》"人生一得"专栏，曾经发表文章《孩子的心灵》。

作者李体锋写道：

初秋的吐鲁番，太阳仍跟老虎似的冲人发威。坐在车上的我，身上的衣服不知被汗水湿了多少次。车一停，我赶紧找到水池子，拧开水龙头，刚要洗脸，可挂在胸前的相机恰恰垂在和水龙头水平的位置，而四周又偏偏找不到能放或能挂相机的地方。

我正发愁时，忽听身旁传来悦耳的童声："叔叔，我来帮你拿照相机好吗？"我扭头看去，原来是个十岁左右的女孩。她颇有礼貌地站在那儿，两眼盈笑，双手微张着。

我不禁脱口说了句："这孩子，真好！比我这样的大人都强。"我想起丰子恺先生说过的一段话："我企慕孩子们的生活天真，艳羡孩子们的世界广大。觉得孩子们都有大丈夫气，大人比起他们来，个个都虚伪卑怯；又觉得人世间各种伟大的事业，不是那种虚伪卑怯的大人们所能致，都是具有孩子们似的大丈夫气的人所建设的。"通过这女孩子的举动，我深感自己在待人接物等方面不如孩子。

扪心自问，我有几次像那位女孩那样谦恭地自荐于需要帮助的人的面前呢？有几次主动无私地去为他人做点事呢？年龄徒长，成熟为虚，脑袋中多了桩桩"顾虑"、种种"考虑"，骨子里平添了数不尽的杂念和私欲，与孩子时的天真、淳朴、自然、厚道相去渐远了。

那么，我所做的服务性工作又怎么能和"水平""一流"联系到一起呢？这固然主要有我主观努力不够、自身修养不到家的因素，但换个角度看，这里面也有受环境的影响，随了"大流"的问题。"凡事都得求个结果，求个利益"成了如今很多人乐于接受的价值观。很多人片面地认同和接受了这种价值观，以"结果""利益"作为自己行为的出发点，凡事有结果，有利便投入，便热情，反之则冷淡，拒人于千里之外。

殊不知，世界上好多事是无利可得的。我自己大概也是太看重

"结果"，太追求"利益"了，待人接物、为人处世自然就少了那位女孩那样明知对个人来说没有结果，没有利益，也要去做的念头，真是令我汗颜！一位中国古代哲学家曾说过，天道之所以能长久，是因为它的一切运作都不为自己。所以有道的人把自己放在后面，反而能赢得爱戴；不为自己，反而能成就自己。西方也有句谚语："赠人玫瑰，手有余香。"这些话都很有道理。

记者李体锋的可贵之处在于，他敏锐地发现孩子的优点，并善于反省自身。如果每一位成年人持有此种心态，必定是两代人的福音。

孙云晓 生活感悟

1. 孩子是研究大人的专家，他们随着年龄不断增大，自我意识越来越强，判断力也越来越高，他们会讨厌或拒绝虚假的表扬。每个孩子都渴望进步，也都需要表扬，但他们需要的表扬是真实的、具体的和真诚的，这也是逐渐成熟的表现。父母要学会实事求是地对待孩子，发现孩子真正的优点。

2. 清理旧物最愉悦的是整理照片，其中欣赏与孩子们在一起的照片最开心。如一组系列图片，记录了在北京郊区玩的场景，吊床让三个小女孩乐翻了天，她们非但不害怕，还一直笑个不停。其实，与孩子在一起，绝非只是教育孩子，而是一个洗心的过程，因为孩子的天真好奇如清澈的泉水涌流，如果敏于观察与反思，就会获益良多。回顾那些照片，我惊叹不已：做了50多年儿童教育和研究，生活是多么丰富多彩，命运于我是何等慷慨！我理应多为孩子做些事情，方不负流光溢彩的童年！

第四节　努力做孩子的好伙伴应成为成年人的追求

> 教育不是靠说教完成的，而是靠情感与智慧来吸纳真知。

做父母或做教师的人一般都感到责任重大，所以常常对孩子讲道理，而效果却非常不同。

父母或教师需要意识到，教育效果与感情深浅关系极大。因此，尽可能多地与孩子在一起活动，做平等的、受欢迎的一员，与孩子建立真挚深厚的感情，实在是特别有效的教子良方。

有时候，孩子威胁说："我不跟你好了！""我不和你玩了！"许多大人都不以为意，这其实是无知的反应。

在接受我们课题组访问时，儿童教育专家徐国静女士以与女儿的关系为例，谈了一番颇为独特的见解，耐人寻味。

徐国静说：

中国的传统文化虽然发现并提倡"教学相长"，但在教育过程中，父母从没有怀疑过自己的教师地位。父母一直站在讲台上，给孩子指点人生，或传授知识。教育一直是单向地由父母向孩子灌输知识以及信息，而不是双向的、互动的交流。

信息社会和电子技术的飞速发展改变了这一情况，父母不能再独占家庭教育的舞台。我就被孩子一次次从讲台上拉了下来。

第一次，是我女儿教给我一套新的教育方法。她不喜欢我对她唠叨，知道我不能改，就帮助我想出一个新的与她交流的方式，那就是：如果我提醒她换衣服，她没有反应，就打三下手；如果她跟我顶嘴，我不用跟她大动肝火，只需轻轻地在她肩上拍三下，她就不会再顶嘴。后来,她的办法被我采纳了。

我还用欣赏的态度表扬了她,她就更来劲了,主动给我当英语老师、计算机老师、游泳老师。

在做她学生的日子里,我觉得向孩子学习的不仅仅是新的知识,更是他们那种充满活力和热情的人生态度,还有行动能力、平等地与人对话和交往的能力。

我保护环境的意识是女儿呼唤出来的。几年前,有一位老师给我写了很多长信,希望我能为绿色文化做点什么,我虽然深深地被感动了,但是没有丝毫行动的想法。可当我听女儿给我讲了很多关于环保的童话故事后,我的心灵颤动了。

她第一次告诉我,自己要变成龙卷风,专门卷那些破坏环境的人。后来,她又编了《一个污染的小孩》《宇宙人》《地球这个夹心巧克力》等故事。我那些早已麻木的神经才开始震颤。

我经常对别人说,有个孩子真好,她让日渐衰老的我焕发青春。她经常给我这辆磨损得随时需要修补的车加油加水,她使我必须和社会保持着最密切的联系,不断吸收新的生命养料。向孩子学习所提倡的实际上是学会从孩子身上获取能源和养料,防止生命过早地衰老。

父母们都爱自己的孩子,可他们知道当代青少年心目中的父母形象是怎样的吗?如前面所说,中国青少年研究中心在9省市大型调查中发现,对于心目中父亲和母亲的标准,城市失足青年认为最重要的标准是"慈祥";而普通城市青年心目中理想父亲和母亲的品质最重要的分别是有责任心(44.9%)和善于持家(62.4%)。

失足青年对父母"慈祥"的高期望引人注目。

分析认为,在学校、社会和家庭三位一体的教育模式中,家庭对青少年的人格塑造有至关重要的作用。父母是对子女影响最大的人,家庭能否给孩子更多的爱和温馨的成长环境,对青少年的成长十分重要。如果父母忽视对孩子的尊重，采用高压粗暴的教育方法，则很容易造成孩子的成长问题。

2015年3月24日《都市快报》报道，一名宁波的高三学生丢了钱，他想通过抢钱来避免被父亲打骂，结果涉嫌抢劫。

这名男生叫小郁（化名），3月10日上午，他和爸爸一起，从宁波来到杭州，到一所高校咨询报名手续和专业分类。

当天中午，小郁办完事后，一个人沿着西湖边闲逛时，发现口袋里的200元钱不见了。想起以前因丢东西被爸妈打的事情，小郁想了半天，决定"搞"点钱回去跟爸爸交差。

等到晚上7点半左右，天黑下来了，小郁悄悄尾随了一个背单肩包、戴耳机的姑娘。他从背后冲上去，把姑娘推倒在地，不顾姑娘的"救命"呼喊，抢走了她的背包。小郁抢到包后，只拿了里面的10元现金，之后就把包和其他东西扔进路旁的草丛里，慌慌张张回到了酒店。

第二天一早，小郁跟爸爸退了房，坐动车返回宁波。但是，杭州警察通过视频追踪与调查，很快就找到了小郁。

3月13日凌晨，正在家中熟睡的小郁被民警抓获。爸爸听说儿子涉嫌抢劫，十分震惊，半响都没说出一句完整的话；小郁妈妈也跌坐在沙发上，很久才缓过神来。

爸爸告诉民警，小郁是家中独子，他们担心男孩顽皮耽误学习，一直对儿子管教严格。为了树立父母的权威，在小郁犯错时也会对他进行打骂，但那也是希望他长大后能成为一个有责任、有担当的人。这些年来，在父母、老师眼中，体格瘦弱、模样斯文的小郁，一直都是个听话懂事的"好苗子"。

"真是打死都想不到他会去做这种事……"小郁爸爸说。

显然，小郁的父亲原本是希望通过棍棒教育树立起父母的权威来防止孩子犯错，没想到却逼着孩子为了掩盖过失而走上了犯罪的道路。

英国教育哲学家彼得斯认为，按照被孩子接受的效度，可以把权威分为两种：形式权威与实质权威。那种高高在上，通过棍棒教育和高压管教所树立起来的权威，更多是在追求一种形式上的权威。实际上，真正对孩子成长产生影响的是实质权威，即父母的教育行为能够真正被孩子所信从，而这就需要父母与孩子建立良好的亲子关系。

良好亲子关系的底线是：当孩子遇到麻烦或危险的事情时，他敢于告诉父母。比如新闻中的小郁钱包丢了之后，就不敢告诉父亲，反而因为害怕父亲知道而去抢劫。这又让人不由想起2010年的药家鑫杀人案，同样是因为害怕父母知道，同样是为了掩盖自己的错误，而犯下故意杀人的弥天大罪。

所以，对于父母而言，不能只摆出一副威严的样子，让孩子在自己面前噤若寒蝉。若想建立良好的亲子关系，父母与孩子需要遵守五大原则：相互尊重、相互理解、相互信任、相互帮助、相互学习。只有这样，孩子才能与父母保持有效的沟通，也最有利于孩子的健康成长。

建立良好亲子关系的高线是：当孩子犯下严重错误时，父母敢于惩戒孩子，以及孩子能够承担责任。现实生活中，有的父母过度地纵容和溺爱孩子，孩子在父母面前肆无忌惮，父母在孩子那里毫无威信，这同样不是一种正常的亲子关系。因为亲子关系必须是一种人格地位平等，但父母对孩子拥有监护和管理权利的关系。父母要有能够约束孩子任性行为的能力和指导孩子如何正确做事的方法，这样才是良好的亲子关系。

简言之，父母只有与孩子建立良好的亲子关系，才能建立父母的真正权威，从而对孩子产生积极的影响，促进孩子的健康发展。

孙云晓
生活感悟

1. 做父母的无不深切感受亲子关系的重要。只有在良好的亲子关系中，家庭教育才会让孩子终身受益，亲子关系也会成为父母莫大的享受。亲子关系的好与坏，不是取决于父母如何评说，而是取决于孩子的切实感受，并以孩子的成长水平为最终评价。实践是检验真理的唯一标准，亲子关系同样需要成长实践来检验。

2. 如何做懂孩子的父母？如何让孩子脱颖而出？以下四点建议可供参考：一是父母双方均与孩子建立良好的亲子关系，并成为孩子的榜样；二是给孩子丰富多彩的生活体验，以家务劳动和同伴关系培养实践智力，发现孩子的潜能优势；三是注重养成阅读（中学时代尤其要多读杰出人物传记）、运动、负责、乐观等好习惯；四是尊重孩子发展兴趣爱好，以讨论与实践的方式进行职业生涯规划。总之，要相信孩子！相信孩子拥有巨大潜能优势！相信脱颖而出者就是因为选择了适合自己的道路！

第五节 建立对话式、交互式、融合式的教育模式

> 两代人互相学习、共同成长，是当代人类发展的必然趋势。

向孩子学习自然是对成年人而言，而对孩子来说，则应向成年人学习，我们倡导成年人与未成年人互为师生。

运用这种模式，成年人可以以自己比较稳定的价值观影响未成年人，在社会生活经验、情感的理解与表达等方面给未成年人以帮助，也可以在高新技能、灵活的信息、开放宽容的思维方式等方面向未成年人学习，有效地达到两代人共同成长的目标。

在《中国妇女报》的一次调查中，许多中小学生自发来信，谈得最多的是"理解"。这里摘出两段：

> 我与妈妈关系不好，有时一星期不跟妈妈谈话。我不知道怎样与妈妈沟通，怎样谈话，该谈什么。有时候我在学校受了气，妈妈也不问，只是冷冷地说："这么大了还哭，在校又与谁闹了，又是你的不对吧，只会哭……"妈妈怎么不了解我，什么坏事错事都说是我干的……（湖北一中学生）

> 我总不能理解，当我兴致勃勃、充满信心去干我想干的事时，他们总是反对，说这不行，那也不行……为了不让他们生气，我只好听话……可有时我也很固执，非去做不可，但即使去做也不那么带劲了。遇到这种情况，我想哭……有时尽管考试考得不好，但比上次是进步了，回家多么想听到这么一句"有进步，继续努力"的话呀。可他们看完（成绩）脸一变，说："这门怎么考的！"接着就给我上政治课，我哪里听得进去！我的心凉了半截。他们哪里知道我更需要精

神鼓励。(山东一中学生)

全家人都不敢相信,我们这些大人都做不到的献爱心活动,一个八岁的孩子竟做到了。

在《光明日报·家庭周刊》上,作者董海霞发表了《爱心无限》一文。她写道:

> 小外甥年方八岁,当属顽童之列,当家理财却是一把好手。自从背起书包,他就越来越关心厨房里油、盐、酱、醋、味精是否用完,往往是还不见底他就买来了新的。尽管吃的、玩的、用的应有尽有,可他还是挖空心思想出种种理由向长辈要钱,今天买玩具橡皮,明天要自动铅笔什么的,钱不管大票小票自然是肉包打狗——有去无回。也就是说,不管买什么,他都有"回扣"。
>
> 干教育事业的父亲首先发现了问题的严重性,郑重提出全家老小要团结起来对孩子严加管教,特别在花钱方面不能对他听之任之。经过研究,给他特制了几条规定:要钱必须说明原因,花完后要核对、汇报花销过程,剩余的如数收回;购买家里的油、盐、酱、醋亦如此。政策一出,他打油买盐的积极性一落千丈,由过去的抢着买到不催个三遍不动身。显然,因为没油水可捞了。
>
> 一次,他终于摊牌了,父亲生日那天他突然提出:"你们都有工资,也得给我开工资。"对他的话,大家都感到惊奇:一个八岁的孩子,怎么会想到要工资呢?"把爸爸妈妈和小姨每月工资100元以下的零钱给我,就算是我的工资。保证决不乱花!有了工资后,除了交学费等重大问题,决不再跟家里提要求。钱,花每笔钱都记账,以备核查。"见他说得合情合理,大家一致同意了这个要求。
>
> 于是,他每月就有了不足100元的工资。旗开得胜,小外甥像过年一样高兴,每次领到工资都欢天喜地数上一遍又一遍。我们发现,有

了"工资"的小外甥日子却过得比以前"寒酸"多了,他几乎不再吃零食,也很少买玩具橡皮、自动铅笔之类的用品,练习本等文具总是用那些经济实惠的。问了几次,他总是答非所问地给掩饰过去了,直到前不久父亲去给他开家长会才解开了这个谜。

原来入学不久,他所在中心小学的学生就与附近乡下的50名贫困生结成了心连心帮教对子。老师一动员,小外甥就踊跃报了名。在老师的帮助下,短短3个月时间,他已为一名父母残疾的女孩陈蕾捐助了500元学杂费,最少的一次寄了45元,还给她买了文具盒、练习本等。

全家人都不敢相信,我们这些大人都做不到的献爱心活动,一个八岁的孩子竟做到了。当我们问他为什么要捐助陈蕾小姐姐时,他眨巴着眼睛,懂事地说:"现在不上学,以后就不能上大学,不能当科学家……"一家人都为他小小年纪就如此富有爱心感动了。父亲一高兴,奖了他3000元钱,并陪他一起寄给了陈蕾小朋友,让她们全家过个好年。

这个故事颇有喜剧性,原因在于成年人理解并支持了孩子。孩子由于恐惧,或不善于表达,做一些正当的事情也躲躲藏藏或说得真真假假,这很容易使大人起疑心,便屡屡发生冤案。因此,给孩子宽松的环境,一旦发生问题,先当孩子的"辩护律师",后当"法官",也许会减少一些冤假错案。

其实很多时候,父母消除与孩子的代沟和误会,最好的方法就是再做一次"孩子",陪孩子再次成长。

2014年12月25日,《中国教育报》刊登了三川玲的文章《第二次生命是孩子给的》,她写道:

有了孩子之后,我们就要面临一系列的选择:孩子要不要去上早教班,要不要去上兴趣班,要不要考名校,要不要去留学,要不要为找工作考点什么证书……所有的选择,都会回到一个终极问题:我们究竟期待我们的孩子过怎样的一生？

我们自己呢，你在过着怎样的一生？你自己的活法，是你愿意你的孩子学习的吗？我的第二次生命，就是这样一点一滴地在和孩子一起成长的过程中，开启了。

晚上的时间，我们开始和孩子一起阅读、聊天、游戏；我们早睡早起，每天早上尽量不开车，骑车送孩子上学；只要天气允许，每天至少跑步一个小时；丸子爸爸彻底戒烟，家里不允许任何客人吸烟；我们每个假期都推掉工作的安排，和孩子一起去旅行；我辞去做了十几年的工作，成为一个独立出版人和作者，彻底为自己的所作所为负责；在新的事业开始的时候，我们决定一定要遵循自己的内心，只做内心完全认可、自然生长出来的事情，不应酬，不妥协，不为利益丧失理想……

之前，这每一步看起来都那么困难，但当我们勇敢地走出了这一步，我们才发现世界是多么宽广，才发现原来我们希望孩子如何过一生，其实我们自己也可以这样过。

这些，真的都是孩子带给我们的，真心感恩孩子让我们重新活了一次。

代际差异是永远存在的，代际冲突也不可怕，甚至是社会进步的一种方式。但是，代际交流是更为重要的，因为它会使人们更理智，使社会更和谐。

21世纪是终身学习的世纪，是两代人相互学习、共同成长的世纪，智慧的父母要向孩子学习，与孩子一起成长。显而易见，在知识社会和信息时代，不向孩子学习，成年人难以完成终身学习的任务。因此，将向孩子学习作为终身学习的重要原则和途径，是成年人的明智选择。

孙云晓
生活感悟

1. 接受央广记者电话采访，我分析上海两个爸爸为小学生儿子打架的案例。我的主要观点如下：儿童之间发生矛盾是正常的，处理好了十分有益于成长。要以儿童利益最大化为原则，即怎样做对儿童真正有利就怎样做。显然，引导儿童正确认识和处理所发生的纠纷，这才是促进儿童成长的方法，也符合儿童利益最大化的原则。为什么两个爸爸彼此伤害，而孩子早已和好如初？说明儿童是儿童问题的专家，许多儿童比护犊子的父母明智，他们知道冲突的深浅与分量，总是选择和解与友谊。两个爸爸都是不合格的父亲，他们希望以暴力争雄，给孩子做了坏的榜样。建议两个爸爸主动向孩子道歉，并且向孩子学习。

2. 读绘本大师五味太郎的书《孩子没问题，大人有问题》确实有五味杂陈，感觉许多为孩子辩解的话似乎是胡言乱语，细想一下却是警世之语，唯有童心未泯的人才能道出。比如他说："孩子整天玩电子游戏，是因为还没有找到比电子游戏更吸引他的东西。"他承认自己也曾在某个时期沉迷于麻将牌。如果像五味太郎那样理解孩子，就容易与孩子沟通了。

3. 教育是有规律的，有了学习兴趣和良好习惯，才可能终身学习。教育的最大问题是不把孩子当人对待，不尊重人的教育根本说不上是教育。人靠优点活着，就是靠自信，对于弱点当然不是视而不见，但不能被它吓倒。可悲的是，许多人生活在弱点里，弱点成了他走不出的沼泽地。

4. 父母是什么？是海，教育孩子需要拥有海一样的胸怀。教育孩子的基本原则就是耐心等待，三分教，七分等，等待苗儿长，等待花儿开。尊重儿童的未成熟状态，就是尊重儿童的成长权利。培养习惯要用加减法，培养好习惯用加法，改正坏习惯用减法，养成好习惯受益终身。

5. 孩子迷恋游戏总让许多父母焦虑。南京名师郭文红的文章却破解了这一难题。其中，梁爸爸陪孩子玩游戏的经历最耐人寻味：在陪玩的过程中，父亲用自己有约束的行为，既为孩子做出了自律的榜样，同时也培养了孩子的契约精神，更教会了孩子协商解决问题的策略。如果细心一些会发现，与青春期孩子相处，最重要的不是教育而是关系，关系好坏决定教育成败。假若再往前走还可能发现，孩子有许多优点是值得大人学习的，而那是更高的境界。

6. 如果成年人多一些尊重和关爱，会发现孩子身上有许多令人惊异的优点。2016年7月11日下午，我应邀在扬州举办的江苏书展做讲演。当主持人宣布活动要结束的时候，一位妈妈匆忙站起来举手提问，原来是五岁的女儿一直鼓励妈妈要敢于提问。儿童不懂世故，却怀着正能量，向着真善美勇敢飞翔！这不值得成年人学习吗？

附录

孙云晓个人著作目录

孙云晓教育作品集（新版）

1. 《教育的魅力在生活》　　　　　2023 年，江苏凤凰教育出版社
2. 《孩子需要理性爱》　　　　　　2023 年，江苏凤凰教育出版社
3. 《良好习惯缔造健康人格》　　　2024 年，江苏凤凰教育出版社
4. 《文化反哺呼唤共同成长》　　　2024 年，江苏凤凰教育出版社
5. 《梦想是成长的发动机》　　　　2024 年，江苏凤凰教育出版社

孙云晓教育作品集（旧版）

6. 《教育的核心是培养健康人格》　2007 年，江苏教育出版社
7. 《唤醒孩子心中沉睡的巨人》　　2007 年，江苏教育出版社
8. 《教育就是培养好习惯》　　　　2007 年，江苏教育出版社
9. 《捍卫童年》　　　　　　　　　2007 年，江苏教育出版社
10. 《教育从尊重开始》　　　　　　2007 年，江苏教育出版社
11. 《与孩子一起成长》　　　　　　2007 年，江苏教育出版社

孙云晓教育研究前沿书系

12. 《习惯养成有方法》　　　　　　2016 年，浙江文艺出版社

13.《亲子关系——决定孩子一生幸福的密码》

            2016 年，浙江文艺出版社

14.《发现童年的秘密》   2016 年，浙江文艺出版社

15.《成功智力——比智商更重要的潜能》

            2016 年，浙江文艺出版社

16.《五元家教法——好父母的必修课》

            2016 年，浙江文艺出版社

17.《孩子，你有无限可能》 2017 年，浙江文艺出版社

孙云晓家庭教育精品课系列

18.《好习惯》   2021 年，浙江文艺出版社

19.《学习力》   2021 年，浙江文艺出版社

20.《亲子关系》   2021 年，浙江文艺出版社

儿童教育专辑

21.《我的家怎么了》   2006 年，长江文艺出版社

22.《好方法教出好孩子——孙云晓家庭教育 16 讲》

            2010 年，青岛出版社

23.《懂方法的父母成就孩子一生》 2011 年，长江文艺出版社

24.《孩子，别慌》   2012 年，中国少年儿童出版社

25.《有尊重才有教育》   2012 年，作家出版社

26.《有自由才有成长》   2012 年，作家出版社

27.《习惯决定孩子一生》   2013 年，北京师范大学出版社

28.《用心教养——孙云晓与中外心理学名家的对话》

            2014 年，浙江人民出版社

29.《9 个好习惯成就孩子一生》 2019 年，湖南教育出版社

孙云晓与你面对面丛书

30. 《教育就是以爱育爱》　　　　　　2010 年，安徽教育出版社
31. 《爱孩子要敢于说不》　　　　　　2010 年，安徽教育出版社
32. 《美好习惯决定美丽人生》　　　　2010 年，安徽教育出版社
33. 《每个孩子都可以成功》　　　　　2010 年，安徽教育出版社

博客书

34. 《教育是人的解放——孙云晓教育随笔精粹》
　　　　　　　　　　　　　　　　　2009 年，安徽教育出版社
35. 《让人幸福的教育——孙云晓教育随笔精粹》
　　　　　　　　　　　　　　　　　2010 年，安徽教育出版社

报告文学集

36. 《少年巨人》　　　　　　　　　　1986 年，海燕出版社
37. 《青春阶梯——孙云晓获奖报告文学选》
　　　　　　　　　　　　　　　　　1992 年，贵州人民出版社
38. 《唤醒巨人》（获 2004 年中国图书奖）
　　　　　　　　　　　　　　　　　2003 年，安徽少年儿童出版社
39. 《夏令营中的较量》　　　　　　　2008 年，新世纪出版社
40. 《16 岁的思索》（获第二届全国优秀儿童文学奖、百年百部中国儿童文学经典书系之一）　　　　　2016 年，长江少年儿童出版社

孙云晓教育文学丛书

41. 长篇儿童小说《金猴小队》　　　　2017 年，浙江文艺出版社
42. 长篇青春小说《握手在 16 岁》　　2018 年，浙江文艺出版社
43. 长篇传记小说《少年探险家》　　　2019 年，浙江文艺出版社
44. 长篇传记小说《孩子，抬起头》　　2020 年，浙江文艺出版社
45. 长篇传记《解放孩子》　　　　　　2021 年，浙江文艺出版社

后记

到2023年，我从事儿童教育整整50年了，已经出版40多部个人专著，所以，写作和出书的速度明显放慢了许多，原因是对质量的要求越来越高，希望真正出一点有价值的作品。感谢江苏凤凰教育出版社编辑俞婷多次热情地与我联系，希望我的教育著作能够再版，并介绍了许多推广的计划。我一向对江苏凤凰教育出版社怀有感恩之心，因为早在2007年，该社即出版我的一套《孙云晓教育作品集》。如今，面对多年支持我的读者朋友，我怎么能只是将旧书再版呢？于是，我开始回顾近年来的新探索，有许多学术交流和思想激荡的珍贵成果，就像积存多年的山泉喷涌而出。我陆续写下一些前沿性思考的文章，加上一些重要的讲演，这些作品都曾经引起强烈的社会反响，其中有许多较有新意和分量的作品，我愿意与大家分享。所以，我决定把广大父母和教师及家庭教育工作者最关心、也最重要的内容集中起来，出一套新版的《孙云晓教育作品集》。

一本书，凝聚着众人的心血，可谓万人糕。感谢长期给予我支持以及与我合作的朱永新、陈会昌、李玫瑾、边玉芳、康丽颖、刘秀英、孙宏艳、李文道等著名学者；感谢洪明、陆士桢、卜卫三位著名的教授为我作序，他们独特而精到的分析极大地拓展了作品集的思想内涵；感谢首都师范大学教育学硕士卢宇老朋友，她协助我做了大量的书稿整理工作；感谢江苏凤凰教育出版社各位领导和刘煜、俞婷等编辑及有关工作人员的热情与严谨，因为有你们的辛勤劳动，最终才能将书送到读者手中。

我相信这五本书是有独特价值的。当然，还要特别感谢读者朋友的鼎力支持，只有读者有效的阅读和实践，才能最终实现本书的价值。对于作者来说，读者朋友的认可是最高的奖赏！

孙云晓

2024 年 1 月于北京云根斋

感谢您使用本书。您在使用本书时如有建议或发现质量问题，请联系我们。

【内容质量】电话：4008283622
【印装质量】电话：4008283610

图书在版编目（CIP）数据

文化反哺呼唤共同成长 / 孙云晓著 . —南京：江苏凤凰教育出版社，2024.4
（孙云晓教育作品集）
ISBN 978-7-5743-0843-5

Ⅰ．①文… Ⅱ．①孙… Ⅲ．①儿童教育—家庭教育
Ⅳ．① G782

中国国家版本馆 CIP 数据核字（2024）第 029234 号

	孙云晓教育作品集
书　　名	文化反哺呼唤共同成长
作　　者	孙云晓
责任编辑	俞　婷
出版发行	江苏凤凰教育出版社（南京市湖南路 1 号 A 楼　邮编 210009）
苏教网址	http://www.1088.com.cn
照　　排	南京私书坊文化传播有限公司
印　　刷	南京顺和印刷有限责任公司（电话：025-83682876）
厂　　址	南京市江宁区麒麟街道天和路 78 号
开　　本	787 毫米 ×1092 毫米　1/16
印　　张	16
版　　次	2024 年 4 月第 1 版
	2024 年 4 月第 1 次印刷
书　　号	ISBN 978-7-5743-0843-5
定　　价	55.00 元
网店地址	http://jsfhjycbs.tmall.com
公　众　号	苏教服务（微信号：jsfhjyfw）
邮购电话	025-85406265，025-85400774
盗版举报	025-83658579

苏教版图书若有印装错误可向承印厂调换
提供盗版线索者给予重奖